제69회 지구문학작가회의
시와 산문 낭송회

| 때 : 2025년 3월 25일(화) 오후 5시
| 주최 : 지구문학작가회의 地球文學作家會議
| 곳 : 서울생활문화센터
| 후원 : 지구문학사 地球文學社

2 포토뉴스 *Photo News*

양창국 지구문학 회장 / 한솔 회장 / 김동환 시인 / 전영길 시인 / 최부희 시인 / 최천숙 시인 / 박경희 수필가 / 신민수 사무국장

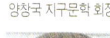     

장동수 시인 / 이정희 시인 / 심우둔 시인 / 유현숙 시인 / 이동민 수필가 / 이서연 시인 / 조마리아 시인 / 정효석 시인

이미진 시인 / 최상국 시인 / 박현명 시인 / 백종순 시인 / 정성국 시인

3 포토뉴스 Photo News

제70회 지구문학작가회의
시와 산문 낭송회

┃ 때 : 2025년 6월 24일(화) 오후 4시 ┃ 곳 : 서울생활문화센터
┃ 주최 : 지구문학작가회의 地球文學作家會議 ┃ 후원 : 지구문학사 地球文學社

양창국 지구문학 회장 / 한솔 회장 / 최부희 시인 / 김동환 시인 / 심우둔 시인 / 박경희 수필가 / 신민수 사무국장

정용채 시인 / 최천숙 시인 / 윤수아 시인 / 신기윤 시인 / 이정희 시인 / 조마리아 시인 / 이서연 시인

경길수 수필가 / 최상국 시인 / 정성국 시인 / 정효석 시인 / 박헌명 시인 / 배형균 시인 / 백종순 시인

지구문학작가회의 문학기행

때 : 2025년 9월 23일 곳 : 성북동 일대

포토뉴스 4
Photo News

성북의 문인들

근현대 성북의 문학과 문인들의 활동은 크게
세 시기로 나누어 볼 수 있습니다.
일제강점기, 광복 후 1950년대, 1960년대 이후
산업화와 민주화 시기를 거치는 동안 성북의 문인들은
시대와 호흡하며 한국문학사에 길이 남을 작품들을 썼습니다.
한용운, 정지용, 이태준, 이육사, 염상섭, 김내성, 김동리, 조지훈
김광섭, 박경리, 신동엽, 박완서 등 성북의 문인들이
발표한 작품들에는 뛰어난 시대적 통찰력이 담겨 있습니다.

지구문학작가회의 문학기행
날자 : 2025. 9. 23   장소 : 성북동일대

발간사

지구문학작가회의 회장 한 솔

    1920/30년대는 한국의 현대 인문학이 폭발한 시기라고 합니다. 문학에 관한 한, 성북동은 한국의 현대문학이 태동한 이 시기에 매우 중요한 역할을 해낸 곳입니다.

    지난 달 성북동 문학기행은 한국 현대문학의 선구자들을 돌아보는 기회가 되었습니다. 10월 24일에는 양창국 회장님의 류승규문학상 수상에 참석하였습니다. 옥천이 배출한 민족시인 정지용과 류승규를 비롯한 많은 문인들의 흔적과 박해미 선생을 비롯한 옥천의 현역 문인들을 뵐 수 있었습니다. 그곳에서 지난 세기 초반 성북동 일대에서 싹을 튼 우리 문학이 곳곳으로 흩어져 뿌리를 내리면서 오늘에 이르렀다는 생각을 하였습니다.

    작년에는 문학 분야에서 가장 큰 상으로 여겨지는 노벨문학상을 우리나라 한강 작가가 수상함으로써 우리 문학의 깊이와 기여도를 세계인들에게 인정받는 쾌거를 이루었습니다. 거목이 우거진 숲속에서 다양한 식물들과 상호작용을 함으로써 성장할 수 있다는 점에서 그것이 한 개인이 이룰 수 있는 일이 아니라는 걸 우리는 알고 있

발간사

습니다. 그래서 한국의 모든 작가들이 함께 기뻐할 수 있었다고 믿습니다.

'K팝 데몬 헌터스'의 여진은 아직도 가라앉지 않고 있습니다. K컬처로 불리는 한국의 대중문화는 문학과 다양하고 깊은 관련을 맺고 있습니다. 작가들은 전통적인 이야기와 현대적인 주제를 아우르며 우리의 문화와 정서를 전달하는 메신저 역할을 합니다.

영화와 음악, 드라마에서 세계적인 관심을 끌고 있는 K컬처는 대부분 K문학을 차용하고 있습니다. 이 영역은 애초 문학적 기반 없이는 존재할 수 없는 곳으로 K문학이 K컬처에 미치는 영향을 짐작해 볼 수 있습니다.

K팝 데몬 헌터스는 전통에 기반한 이야기를 현대적으로 해석하여 새로운 형태로 변형한 이야기입니다. K컬처는 우리의 문학 정체성을 잃지 않으면서 그것을 국제화시키는 역할을 톡톡히 하고 있습니다. K컬처는 애초에 문학을 바탕으로 하지 않고는 성립이 불가능하였습니다.

현대문학에 국한하여 말한다면, 이 대단한 센세이션을 불러일으킨 원동력을 태동시킨 성북동을 빼놓고 이야기할 수 없습니다. 그곳은 문학에서, 좀 더 크게 보면 현대사에서도 매우 중요한 곳이지만, 아직 현대 한국 사회에 미친 영향만큼 높이 평가되지는 못하고 있습니다.

우리는 방문했던 곳에서 단 몇 분이 남긴 흔적을 간신히 볼 수 있었습니다만, 성북동 근현대문학관에서는 더 많은 문인들이 그곳에 둥지를 틀고 활동하였다는 걸 알았습니다. 나중에 원주로 터를 옮겼지만 박경리도 이곳에서 〈토지〉 집필을 시작하였고, 박완서는 이웃

보문동에 거주했었지만 〈성북동 이야기〉를 남겼습니다.
 우리가 접했던 한용운, 박태원, 조지훈, 백석 외에도 한국 문화 예술에 큰 족적을 남긴 이태준, 김용준, 김광섭, 김환기, 최순우, 전형필(간송미술관), 김기창 화백 등이 성북동과 주변의 돈암동, 보문동에 거주하면서 작품활동을 했던 분들입니다.
 성북동은 우리의 문화와 문학의 유산이 집약되었던 지역으로 역사적으로나 문학적으로 의미가 큰 곳이었습니다.

 작가들은 문자로 무장한 시대의 메신저라고 할 수 있습니다. 문자는 단절될 수 있는 기억을 연결하는 역할을 합니다. 침묵까지도 표현해 낼 수 있는 수단입니다. 문자를 수단으로 전개하는 어떤 작품도 앞선 세대의 문화와 가치와 연결되지 않는 것은 없습니다.
 글 쓰는 이 스스로 인식을 하지 못하는 상황에서도 그들의 기억에는 선대들 기억의 무엇인가가 녹아있습니다. 이것들이 누군가에게 전달되기를 기대하면서 글을 쓰는 이들이 작가들입니다.
 물리적으로 소멸된 그들의 기억이 내 글 어딘가에 녹아 있을 수 있다는 생각을 하면 기분이 좋아집니다. 내가 사라지더라도 나의 기억이 누군가에게 전달되어 살아있을 수 있는 개연성을 갖기 때문입니다. 저만 그런 생각을 하고 있지는 않을 겁니다.

 가평을 다녀오는 길에 단풍을 보았습니다. 순간 운전으로 쌓여가던 스트레스가 싹 사라졌습니다. 몸이 움츠러드는 때이기는 하지만 우리 지구문학 작가님들께서 힘내시고 다가오는 겨울을 따뜻하게 맞이하면 좋겠습니다.

지구문학작가회의 사화집 # Contents

| 발간사 | 009 한 솔 |

고 문
평론　016 김정오 _ 아침 해가 빛나는 선택받은 나라

지구문학 회장
소설　025 양창국 _ 못난이

명예회장
시　037 윤명철 _ 염하, 넋걷이 살풀이, 훈양호 침입 150년 외 1편
　　050 최부희 _ 곱돌 외 2편

회 장
수필　053 한 솔 _ 일본에서 바라본 한국문화 외 1편

명예고문
시　061 장동수 _ 자연의 황홀함이여 외 2편

부회장
시　064 정용채 _ 포토갤러리 외 2편
　　068 심우둔 _ 별밤 되살리기 외 1편
　　071 박경희 _ 느티나무 외 2편
　　074 전영길 _ 상사화 연가 외 2편
　　077 최천숙 _ 무궁화 외 2편

2025년 제22집 | **지구문학작가회의 사화집**

이 사

잿빛 저주 외 2편 _ 윤수아	080	시
겨울 호수 외 2편 _ 이정희	084	
면장 외 2편 _ 최전엽	087	
쇤베르크의 음악을 들으며 외 1편 _ 이동민	091	수필
고향 집 감나무 외 2편 _ 조재완	096	시
무명 순교자 외 2편 _ 조마리아	099	
코스모스 꽃길 순정의 길 외 2편 _ 신기윤	102	
고궁에서 외 2편 _ 김동환	107	
꿈결같이 지나간 효도 관광 외 1편 _ 성정희	110	수필

감 사

갈치 골목 외 2편 _ 이서연	118	시
나이와 쉼표 외 2편 _ 유현숙	123	

사무국장

성탄절즈음 외 2편 _ 신민수	127	시

지구문학작가회의 사화집 Contents

회 원

수필	130	이명우 _ 자소 명덕 외 1편
	137	경길수 _ 외나무다리 외 1편
시	141	이미진 _ 잃어버린 시간 외 2편
수필	144	임춘식 _ 남자의 운명은 아내에게 있다 외 1편
시	150	김진하 _ 바람 외 2편
소설	153	박 하 _ 꿈과 사랑을 키워준 유년 주일학교
시	162	최상국 _ 그네 위에서 외 2편
	165	윤영훈 _ 신 미인도 외 2편
	169	서정학 _ 봄 외 2편
	172	조성찬 _ 연모 외 2편
	176	박태근 _ 왜! 날 찾아 외 2편
	179	이재귀 _ 눈물이 시가 되어 외 2편
	183	백종순 _ 무명실 외 2편
	186	정성국 _ 잡초의 생존 전략 외 2편
	190	정효석 _ 판공성사 외 2편
	194	박헌명 _ 봄, 그 숨결 외 2편
수필	198	배정향 _ 신비하고 아름다운 장독 외 1편
시	205	배형균 _ 7월의 붉은 장미 외 2편

지구문학 발행인

평론	208	김재엽 _ 환경 생태적 감수성과 윤리의식의 성찰

2025 | 제22집 지구문학작가회의 사화집

| 시 | 김동환 김진하 박경희 박태근 박헌명 배형균 백종순
서정학 심우둔 신기윤 신민수 유현숙 윤명철 윤수아
윤영훈 이미진 이서연 이재귀 이정희 전영길 정성국
정용채 정효석 조마리아 조성찬 조재완 최부희
최상국 최전엽 최천숙 |
수필	경길수 배정향 성정희 임춘식 이동민 이명우 한솔
소설	박하 양창국
평론	김재엽 김정오

한누리미디어

평론

김정오 _ 고문

아침 해가 빛나는 선택받은 나라

선택받은 한겨레

기원전 2,333년 우리 한겨레 조상들은 우랄 알타이(Altai Mountains)[1] 동쪽 아수(아시아) 땅 끝 韓半島 북쪽에 고조선古朝鮮, 그 남쪽에 가야와 마한, 진한, 변한 등 삼한三韓을 세웠다. 뒤를 이어 고구려, 백재, 신라, 발해, 고려, 조선을 거쳐 오늘의 대한민국이 세워졌다. 한때는 만주와 연해주까지 다스렸다.

1392년 음력 7월 17일 이성계가 고려의 뒤를 이어 새로운 나라를 세우고, 같은 달 28일, 17개 항의 나라 다스리는 방향을 선포했다. "하늘이 수많은 백성을 낳고, 임금을 세웠으니, 임금은 백성을 잘 살게 하고, 편안하게 다스려야 한다. 임금의 길에 잘잘못이 있으면 그에 따라 민심이 따르거나 등질 것이고, 천명 또한 머물던지 떠나갈 것이다. 이는 변치 않는 이치이다."

뒤를 이어 도읍을 개성에서 한양으로 옮겼다. 1393년 2월 15일 나라 이름을 "아침 해가 빛나는 나라라는 뜻을 지닌 조선朝鮮"으로 정했다. (1393년 2월 15일 '태조실록')

---

1) 러시아, 몽골, 중국, 카자흐스탄의 국경을 이루는 길이 1,900km의 산맥. 고기습곡산지, 길이 약 3~5억 년 전(고생대) 지질학적 형성, 벨루하산(Belukha Mountain).

1883년 12월 20일, 미국의 작가이며, 천문학자인 퍼시벌 로웰(Percival Lowell, 1855~1916)[2]이 29세 때, 우리나라에 왔다. 그는 고종황제를 알현하고, 한국에 머물면서 아침 해가 떠오르는 모습을 보고 크게 영감을 받았다.

다음해인 1884년 3월 18일, 미국으로 돌아간 그는 1886년 조선에서 보고, 듣고, 느끼고, 깨달은 기록을 모아 미국 보스톤에서 기행문, '고요한 아침의 나라' 〈Chosôn: The Land of Morning Calm-A Sketch od Korea〉를 출간하였다.

영어로 조선(Cho'sen)은 하늘로부터 선택받았다는 뜻이다. 이종수, 피천득이 쓴 영한사전에도 "Cho'sen people"을 '선택받은 백성'이라고 했다. 일본의 이와사키 다미헤이(Tamihei Iwasaki)와 가와무라 유지로(Uwjiro Kawamura)가 쓴 새 영일 사전에도 조선 백성(cho'sen The Chosen people)을 선택받은 백성으로 풀이하고 있다.

지금의 영문 표기 조선(Chosun)의 철자법은 가운데 글자 E, 대신 U자가 들어 있다. 영어성경英語聖經 여러 곳(엡1:4, 벧전1:2, 요15:16)에 선택選擇이라는 낱말이 조선(Cho'sen)으로 표기되어 있다. 우리나라 이름이었던 조선(Cho'sen)은 "아침 해가 빛나는 선택 받은 나라"라는 뜻이다.

그 선택받은 나라 조선이 1910년 8월 29일, 일본에게 빼앗겼다. 1926년 시인 이상화는 『개벽開闢』 6월호에 피를 토하는 마음으로 "지금은 남의 땅 빼앗긴 들에도 봄은 오는가?"를 읊조렸다. 그 3년 뒤인 1929년 4월 2일자 동아일보에 인도의 시성 '타고르(1861~1941 · Rabindranath Tagore')[3]가 시 '동방의 빛'을 발표했다.

동방의 등불

"일찍이 아시아의 황금시대에/ 빛나던 등불의 나라인 코리아(Korea)/ 그 등불 한 번 다시 켜지는 날에/ 너는 동방의 빛이 되리라."

---

2) 퍼시벌 로웰(Percival Lowell, 1855~1916) 미국 천문학자이자 작가, 29세 때인 1883년 12월 20일부터 1884년 3월 18일까지 우리나라에 머물면서 체험한 기록을 1886년 미국 보스톤에서 조선기행문이라는 〈Chosôn: The Land of Morning Calm-A Sketch od Korea〉제목으로 출간했다.
3) 라빈드라나드 타고르(1861~1941 · Rabindranath Tagore), 인도 최초의 노벨문학상 수상자, 시인, 철학자, 교육자, 반식민주의 사상가.

The Lamp of the East

In the golden age of Asia
Korea was one of its lamp-bearers
And that lamp is waiting to be lighted once again
For the illumination in the East."

독립운동을 하다가 모진 고문으로 죽임을 당한 이육사는 1937년〈청포도靑葡萄〉,〈교목喬木〉,〈절정絶頂〉,〈광야曠野〉를 발표했다. '백마 타고 오는 초인'을 기다리는 육사의 시〈광야〉한 대목을 본다.

…(전략)… 지금 눈 내리고/ 매화 향기 홀로 아득하니/ 내 여기 가난한 노래의 씨를 뿌려라.// 다시 천고의 뒤에/ 백마 타고 오는 초인이 있어/ 이 광야에서 목놓아 부르게 하리라.…(후략)…
— 이육사의 시〈광야〉

그러나 서정주는 수십 편의 친일시를 썼다. 그러고도 참회조차 하지 않으면서 일본이 그렇게 빨리 망할 줄 몰랐다고 말했다.

대한민국은 마한, 진한, 변한의 삼한三韓의 큰 나라를 뜻한다. 한때, 그 나라를 잃었던「대한민국에 아침 해가 다시 솟았다. 1946년 청록파 시인 박두진은 시詩〈해〉를 발표했다.

"해야 솟아라. 해야 솟아라 말갛게 씻은 얼굴 고운 해야 솟아라. 산 너머 산 너머서 어둠을 살라먹고, 산 너머서 밤새도록 어둠을 살라먹고, 이글이글 애띤 얼굴 고운 해야 솟아라// 달밤이 싫여, 달밤이 싫여, 눈물 같은 골짜기에 달밤이 싫여, …//…(중략)… 해야, 고운 해야. 해야 솟아라. 꿈이 아니래도 너를 만나면, 꽃도 새도 짐승도…(중략)… 모두 불러 한 자리 앉아, 애띠고 고운 날을 누려 보리라.
— 박두진의 시〈해〉

아침 해가 빛나는 '새로운 누리新世界에 대한 바람所望'과 '어둠을 밀어 내고 새로운 소망을 이루어 낸 '한겨레의 영광을 읊조린 이 시는 앞선 이先覺者들의 뜻을 함께 담고 있다. "인류의 문명은 황하, 인더스, 이집트, 메소포타미아에서 싹이 트고, 지중해의 그리스 로마에서 꽃 피웠다. 다시 대서양을 넘어 미국으로 갔다. 그리고 이제 태평양을 넘어 대한민국이 누리世界의 가온中心나라로서 큰 빛을 낸다"는 뜻이다.

2021년 아프간(afghan)을 지켜주던 미군들이 그 나라를 떠났다. 이슬람 무장 세력 탈레반(Tehrik-i-Taliban Pakistan)[4]이 곧바로 수도 카불로 밀고 들어왔다. 그때, 200만 명의 난민들이 쏟아져 나왔다. 그러나 많은 나라들이 그들을 받아 주지 않았다.

그때, 우리나라는 아프간 난민들을 받아 주었다. 주 아프간 한국 대사관, 한국국제협력단(KOICA)[5]에서 도움을 주었고, 전남 여수 해양경찰교육원에서 6개월간의 정착 교육을 받게 한 다음 안정된 삶을 살아갈 수 있도록 길을 열어 주었다.

1975년, 4월 12일, 베트남을 빼앗긴 구엔 반 티우(Nguyen Van Thieu) 대통령이 엄청난 금괴를 가지고 미군 비행기를 타고 사이공을 떠났다. 뒤를 따라 구엔 카오 키(Nguyen Cao Ky) 부통령도 달러를 가득 싣고 달아났다. 사이공 함락 9일 전인 4월 21일의 일이다.

그로부터 46년 뒤 가니 아프간 대통령도 돈 가방과 금괴가 너무 많아 일부는 활주로에 버리고 미군 헬기에 올랐다. 부패한 통치자들이 나라 망치고 달아나는 추악한 모습들이다.

조 바이든(Joe BidenJoseph Robinette Biden Jr) 전 미국 대통령이 재임 때, 말했다. "미국은 도움이 되지 않는 우방국에서 싸웠던 지난날의 실수를 되풀이하지 않을 것이다." 다만 ABC 방송을 통해 "(아프간과) 대만·한국·나토는 본질적으로 다르다"고 말했다. 제이크 설리번(Jake Sullivan) 백악관 국가안보보좌관도 "한국 등에서 미군을 줄일 뜻이 없다"고 말했다.

---

4) 파키스탄 정부와 **파키스탄 탈레반(Tehrik-i-Taliban Pakistan)
5) 한국 국제 협력단韓國國際協力團 - 정부 차원의 대외 무상 협력 사업을 전담, 실시하는 기관. 1991년 4월에 설립, 한국과 개발도상국의 우호 협력 관계 및 상호 교류를 증진하고 이들 국가들의 경제 사회 발전을 지원함으로써 국제 협력을 목적으로 한다.

미국은 1950년 한국 전쟁 때 우리를 끝까지 도왔던 우방국이다. 그러나 언제든지 마음이 바뀔 수도 있는 나라이기도 하다. 1882년 5월 22일 제물포에서 '한·미 수호통상조약'을 맺었다. 조약의 핵심은 "조선과 미국은 영원히 화평 우호를 이어갈 것이다. 만약 제3국이 불공경회不公輕悔하는 일이 있으면 거중조정(good office)한다고 약속했다.

그러나 1905년 7월 29일 미국 육군 장관 윌리엄 하워드 태프트(William Howard Taft)와 일본 제국 내각총리대신 가쓰라 타로(かつらたろう, 桂太郎)[6]가 도쿄에서 몰래 가쓰라 태프트 조약(Taft-Katsura agreement)을 맺었다.

미국은 필리핀을 지배하고, 일본은 조선을 지배하는 뜻을 같이한다는 내용이다. 그리고 1909년 일본이 조선을 강제로 빼앗을 때, 미국은 우리와의 약속을 파기하고 일본과의 약속을 지켰다. 그러나 일본-미국 간의 각서(memorandum) 내용은 1924년까지 세상에 알려지지 않았다.

1979년 10.26 사건과 12.12 사태에 이어 다음해에 일어난 5.18 광주 민주화운동을 피로 진압하고, 전두환이 육군 대장으로 진급했다. 그 다음날인 1980년 8월 8일 주한 미군 사령관 존 애덤스 위컴(John Adams Wickham) 대장이 〈LA 타임즈〉의 샘 제임스 기자와 AP 통신의 테리 앤더슨 기자와 인터뷰 자리에서 말했다. "전두환이 한국의 대통령이 될 것 같다. 수많은 사람들이 마치 레밍[7](lemming) 떼처럼 그를 따른다"고 말했다. 한국 사람을 보는 일부 미국 사람들의 눈이다.

미국은 2025년 9월 5일 조지아주 현대자동차, LG 에너지솔루션 배터리 공장 건설 현장에서 단기 방문비자로 현장에서 일하고 있는 한국인 노동자 약 300여 명을 붙잡아 가두었다. 그들은 1주일 이상을 팔, 다리와 허리에 수갑과 족쇄 등을 채우는 일을 서슴지 않았다. 그리고 자진 출국 형식으로 한국으로 돌려보냈다.

미국은 한국인 근로자들이 방문비자로 불법 취업을 했기 때문에 "비자와 체

---

6) 일본 군인, 정치가, 육군 대장, 육군대신, 세 번이나 수상을 맡았고, 영·일 동맹체결日英同盟締結·러일 전쟁日露戰爭·한국 병합조약倂合條約 체결 등을 했다.
7) 레밍(lemming) 여러 뜻이 있지만 나그네 들쥐 떼처럼 부화뇌동, 즉 힘 있는 자를 맹목적으로 따른다. '부화'는 동의, '뇌동'은 따른다는 뜻이다. 자신의 뜻보다 다수의 뜻에 휩쓸림을 나타내는 말이다.

류자격 위반"을 했다는 것이다. 체포 과정에서 팔과 다리를 쇠사슬과 케이블 타이로 묶인 채 이동해야 했다. 구금 시설은 72인실 임시 수용소로 곰팡이가 핀 침대, 냄새나는 식수, 기본 위생용품 부족 등 열악한 환경이었다.[8]

한경환[9]은 피터 자이한(Peter Zeihan)[10]의 『각자도생의 세계와 지정학 (Disunited Nations)』을 인용하여 말했다. "미군은 한국 등 몇몇 나라에서 떠날 준비를 하고 있다는 것을 눈치 챌 수 있다. 빠른 시간 안에 미국은 역사상 가장 폭넓게 이루어진 많은 나라로부터 동맹 체제를 크게 줄이게 될 것이다. 냉전 때, 가장 큰 나라로서, 동맹국들의 안보를 지켜 주었고, 세계시장을 꿈꾸면서 큰 몫을 해 왔던 미국이었으며, 오늘도 그 일을 해내고 있다."

그러나 바이든이나 트럼프는 다같이 '미국 제일주의'를 내세우면서 세계 분쟁지역 여러 곳을 흔들고 있다. 우리가 스스로 길을 찾아야 하는 까닭이다. 그러나 아직 홀로 설 수 없다면 미국과의 동맹을 튼튼하게 하는 것이 가장 현실적인 대안이다. 급변하는 국제정세에 스스로 자신을 지키는 힘을 기르지 않으면 안 된다는 말이 그것이다.[11]

강천석 조선일보 논설고문이 미국과 전쟁했던 나라만 아는 미국의 다른 얼굴이라는 글에서 말했다. "트럼프 대통령처럼 타국他國 돈을 단기간에 미국으로 많이 끌어온 미국 대통령은 역사에 없었다. 한국・일본・EU에서 끌어들인 직접 투자만 1조5000억 달러다. 여기에 미국산 에너지 구매 약속을 더하면 2조 달러를 훌쩍 뛰어넘는다. 말이 좋아 '투자'지 남의 지갑을 뒤져 강제로 돈을 꺼내간 거나 마찬가지다.[12]

오스트리아의 인지학자人智學者 루돌프 슈타이너(Rudolf Joseph Lorenz Steiner)[13] 박사가 말했나 "인류문명의 대전환기에는 새로운 삶의 양식을 결정할 원형을 제시하는 성배聖杯의 겨레가 있다. 이 겨레는 깊은 영성을 지니고, 새

---

8) 힐링모먼츠(healingmoments) 2025. 9. 17.
9) 한경환-중앙일보-중앙선데이 주필.
10) 피터 자이한(Peter Zeihan: 1973년~); 지정학자. 지리, 인구, 국제 정치 자료를 분석, 미래의 경제적 추세와 패권 싸움에서 승자를 예측한다. 그의 세계관은 미국이 영구적인 세계 강대국이 될 것을 지정학적, 인구학적으로 분석한다. 그는 중국의 앞날을 어둡게 보며, 일본에 대해서도 우려를 드러냈으며, 한국에 의해 미래가 바뀔 수 있다고 주장한다.
11) 중앙선데이(2021. 8. 21).
12) 조선일보(2025. 9. 26).

로운 누리世界에 대한 이상을 지니고 있다. 그러나 거듭되는 외침과 폭정에 억눌리면서 그 이상理想을 내상內傷의 아픔으로 안고 있는 겨레다. 그 겨레가 지중해 문명의 전환기에는 이스라엘이었다. 그러나 그 다음에는 극동에 있는 한국이다"라고… 그것을 알 수 있는 길은 뛰어난 문화발전이다.

강대국의 흥망이라는 글에서 폴 케네디(Paul Kennedy)[14] 미 예일대 교수가 말했다. "한 나라가 세계무대의 주역이 될 때는 경제력, 군사력과 함께 반드시 문화가 꽃을 피워야 한다." 그리고 오스트리아의 인지학人智學의 권위자 루돌프 슈타이너(Rudolf Joseph Lorenz Steiner) 박사가 말했다. "이제 …(중략)… 21세기 아시아 태평양 시대를 이끌어갈 주인공은 일본이 아니고, 중국도 아니고, 한국이다. "(never japan, never china, maybe korea)."

1947년 김구 선생이 '백범일지'에서 말했다. "나는 우리나라가 세계에서 가장 아름다운 나라가 되기를 원한다. 가장 부강한 나라가 되기를 원하는 것은 아니다. 우리의 부력富力은 우리의 생활을 풍족히 할 만하고, 우리의 힘強力은 남의 침략을 막을 만하면 족하다. 오직 한없이 가지고 싶은 것은 높은 문화의 힘이다." 그렇게 바라던 백범의 꿈이 이루어지고 있다.

1907년 국채보상운동 때, 우리 겨레의 부녀자들이 비녀와 가락지를 모두 내놓고 나라 빚을 갚는 데 크게 도움을 주었다. 그로부터 90년 뒤, 1997년 또, 외환위기가 왔다. 그 때도 집집마다 금붙이를 내놓고 나라의 위기를 막아냈다. 한겨레 정신의 문화적 바탕이다. 우리나라는 한국전쟁 이후 누리世界에서 가장 가난한 나라였다.

그런데 온 겨레가 한 마음으로 산업화, 민주화를 이루어냈다. 지금은 온누리全世界가 부러워하는 '문화예술 강국'으로 세계무대에 우뚝 섰다. 한겨레의 한류 물결은 시공간을 뛰어넘어 온누리를 놀라게 하고 있다. 우리 문화·예술인들의 높은 역량이 전통과 현대를 아우르면서 창의성과 열정을 바탕으로 뛰어

---

13) 루돌프 요제프 로렌츠 슈타이너, (Rudolf Joseph Lorenz Steiner), (1861~1925년), 비엔나 공과대학에서 괴테의 자연과학 연구가, 오스트리아의 과학자·편집인·인지학 창시자. 독일의 신지학협회 회장, 주요 저서 〈자유의 철학〉,〈괴테의 세계관〉,〈신지학〉등.

14) 폴 케네디(Paul Kennedy) 영국의 역사학자. 대표 저서 『강대국의 흥망』에서 500년 역사의 패턴을 발견했다. 스페인, 네덜란드, 영국, 소련. 모든 제국은 같은 길을 걸었다. 경제력으로 군사력을 키우고, 군사력으로 영토를 넓히고, 과도한 팽창으로 몰락했다. "대영제국은 태양이 지지 않는 나라"….

난 능력을 만천하에 보여주고 있다.

이사야 선지자가 그 41장에서 예언했다. "해 뜨는 곳, 아수(아시아) 땅 끝極東 한 모퉁이韓半島에서 아침 해가 빛나는 나라朝鮮가 온누리를 다스릴 것"이라고….

"섬들아 내 앞에 잠잠하라. 겨레들民族아 힘을 새롭게 하라. …(중략)… 열국으로 그 앞에 굴복케 하며, 그로 왕들을 다스리게治理하되, …(중략)… 섬들이 보고 두려워하며, 땅 끝이 무서워 떨며…(중략)… 내가 땅 끝極東에서부터 너를 껴안으며, 땅 모퉁이韓半島에서 너를 부르고, …(중략)… 내가 너를 선택(選擇: Chosen)하고, …(중략)… 너를 굳세게 하리라. …(중략)… 네게 노하던 자들이 수치羞恥와 욕辱을 당할 것이요, 너와 다투는 자들이 멸망滅亡할 것이다."(이사야 41:1~11).

노벨 문학상을 받은 루마니아의 작가 게오르규(Constantin Virgil Gheorghiu)가 말했다. "물질문명이 한계에 달하는 절망의 시간이 24시라면 25시는 새로운 문명이 비롯되는 때이며, 그 주역은 한국이 될 것이다." 그의 말을 요약한다.

"…(전략)… 한국은 중국과 일본 사이에 놓인 극동 아시아의 반도이다./ …(중략)…/ 한국은 아시아 대륙의 귀고리다. /…(중략)…/ 이 세상을 아름답게 만들기 위하여/ 하나님은 그 자리에 한국이라는 귀고리를 달아 놓은 것이다./ 한국은 보석처럼 정교하게/ 깎여지고 만들어지고 가꾸어진 것이다./ 그 해안은 레이스로 되어 있다./ 칠보로 되어 있다./ 그것은 정말로 자수이다./ 오직 보석만이 그러한 식으로 재단된다./ 한국은 반도가 아니고 장식품이다./ 하나의 보식, 하나의 귀고리이다./ 레이스로 수놓음 친 8백 킬로미터의 해안에 3천 4백 개의 섬이 있다./ 세공된 크고 작은 섬/ 온갖 형태의 섬들이 해안을 장식하고 있다./ 이 해안에서 등을 돌려/ 한국의 내부로 시선을 돌린다면/ 한국이 보석이라는 것에 대한 확신을 갖게 된다./ 지리학자는 이 반도는 4분의 3이 산악지대라고 말할 것이다./ 구름 위까지 뻗치는 산이 있고/ 거기에 다른 산들이 이어져 있다./ 토지의 기복을 제하면/ 그것은 해안과 마찬가지의 레이스이다./ 산들은 구름에 걸린 레이스와도 같다/ 레이스를 이루는 산꼭대기인지/ 하늘과 구름인지 때로는 분간할 수가 없다/ 아시아의 귀고리는 부조로 된 작품이다/ 그 산은 칠보의 레이스이다./ …(이하 략)…

– 게오르규의 〈한국 찬가〉 제1장 '한국은 극동의 미지의 나라'

성경에도 '그 나라가 무궁無窮하리라.' (눅1:30-)… 예언했던 무궁화동산에… 그날이 오면 "…이리가 어린 양으로 더불어 누울 것이요. 송아지와 어린 사자와 살찐 짐승이 다함께 있으리니 어린이라도 끄를 수 있으리라. 젖 먹는 어린 아이가 독사의 구멍에서 장난하고, 젖 뗀 어린 아이가 독사의 굴에 손을 넣으리니 내 거룩한 산 모든 곳에 해害함과 상傷함이 없으리라"(이사야 11장). 약속(사9:6-)하신 대로 아시아 태평양 시대를 이끌어갈 주인공은 일본이 아니고, 중국도 아니고, 한국이다. "(never japan, never china, maybe korea)"라는 말이 이루어질 그날이 오고 있는 아침 해가 빛나는 선택받은 대한민국의 그날이 오고 있다.

소설

양창국 _ 지구문학 회장

못난이

*

내가 사는 아파트 정문에서 20m쯤 떨어진 도로 옆에 매일 아침 토마토 장사가 온다. 트럭에 가득 토마토를 싣고 와서 판다. 산지 직송, 오늘 따온 토마토라는 선전 문구를 걸어놓았다. 상가 지하 슈퍼보다 값이 약간 싸다. 값이 싸서인지, 당일 따서 싱싱할 거로 생각해서인지, 동네 아주머니들이 다투어서 사간다. 상인은 연신 미소를 지으며 싱싱하다고 선전한다.

조그만 바구니에 상처가 난 토마토를 따로 담아놓고 못난이라는 팻말을 붙여놓고 반값에 판다. 멀리서 보면 붉은색이 선명하여 왜 못났나고 하는지 알 수가 없다. 가까이에서 보면 틈이 보이고, 울퉁불퉁하다. 사람으로 치면 째보나 짱구와 같다.

나는 못난이라고 써 붙인 종이를 보며 토마토도 못난이는 싸네, 하며 쓴웃음을 짓는다.

두 달 전부터 출근길에 일주일에 서너 번 한 처녀와 마주친다. 나는 출근하러 전철을 타러 가는데, 그녀는 우리 아파트 상가에 있는 직장에 출근하는 모양이다. 그녀와 마주치면 콧구멍이 하늘을 향한 그녀의 코가 확 눈에 들어온다. 보기에 그렇다.

나는 들창코 처녀를 지나치며, 저 젊은 아가씨 콧구멍을 아래로 보게 할 수 없을까, 하며 혼자 속으로 안쓰러워한다. 스무 번도 더 처녀를 지나치자, 차차 그녀의 들창코에 익숙해지며 처음 봤을 때 보기 불편했던 감정이 점점 희석되며 그냥 그렇다고 느껴진다. 내 시선이 그녀의 들창코에서 몸매로 옮겨가며, 균형 잡힌 몸매에 콧구멍만 땅을 보면 미인이겠다고 여긴다.

석 달 넘도록 매일 지나치자 차차 그녀의 얼굴에 익숙해지며 그녀의 들창코가 그렇게 거북하게 느껴지지 않는다.

어느 날, 그녀가 슬픈 표정으로 지나간다. 축 처진 표정의 힘없는 그녀가 퍽 가엽게 느껴진다. 나는 그 여자가 친상이라도 당했나, 하며 동정심을 느끼며, 부부로 살다 보면 정이 들어 들창코 정도의 단점은 잊고 살 수 있는 거 아닌가 유추해 본다.

석 달이 넘도록 마주치며 출근하며 내가 먼저 인사를 걸었다.

"안녕하세요?"

그녀가 주춤하더니, 안녕하세요, 하며 인사를 받는다. 그 다음 날부터 우리는 지나치며 가볍게 인사를 나눈다. 그녀를 지나치지 않고 출근하는 날은 아쉬운 감정이 든다. 나는 매일 스치며 정이 들었나, 하고 혼자 속으로 웃는다.

*

새벽부터 미열이 나고 온몸이 쑤셨다. 몸살감기인가?

어제 무리한 모양이다. 주말이라 동창들과 도봉산을 올랐다. 도봉산역에서 포대 능선까지 다섯 시간 넘게 산을 타고 내려와 치맥을 즐겼다. 시원한 맥주로 땀을 식히며 한참을 떠들다가 전철을 탔다. 아파트 정문에서 군대 친구를 만나 포장마차에 들러 신나게 소주를 마시며 병영시절 매 맞던 이야기를 주절댔다. 술에 크게 취하여 집에 들어왔다. 과로한 산행을 한 데다가 과음까지 하여 몸이 반항하는 모양이다.

나는 직속 상사에게 몸살감기가 와서 병원 들렀다가 출근하겠다고 양해를 구하고, 동네 병원이 여는 시간에 맞춰 병원에 가서 처방받고, 약국에 가서 약을 받고, 약국에서 물을 얻어 우선 약 한 봉지를 입에 털어 넣었다.

나는 바로 은행에 들렀다.

은행 업무는 대부분 집에서 인터넷으로 처리하여 은행에 갈 일이 거의 없다. 인터넷뱅킹 보안카드를 교체하기 위해 은행을 찾았다. 나는 번호표를 뽑고, 의자에 앉아 티브이 화면에 시선을 보냈다. 러시아와 우크라이나 전쟁이 2년을 넘어서고, 이스라엘과 하마스 전쟁에 이란이 끼어들자 달라대 원화 환율이 1,400원을 육박한다.

나는 녀석들 왜 전쟁을 일으켜 우리 경제를 힘들게 하는 거야, 하며 속으로 투덜대며 티브이에 눈을 박고 내 차례를 기다린다.

내 번호가 불린 창구로 간다. 매일 스치는 들창코가 담당 직원이다.

나는 은행 창구에서 그녀를 보며 반가웠다. 안녕하세요? 은행 다니시네, 하고 인사한다. 그녀도 반갑게 안녕하세요, 인사한다.

"컴퓨터가 보안카드 오래됐다고 투덜거려서 왔어요."

"신분증 주시겠어요?"

나는 주민등록증을 건네고 창구를 슬쩍 훔쳐본다.

대리 이윤희, 명패가 보인다.

아, 이 여자 이름이 이윤희야, 대리 직책이고. 나는 속으로 그녀의 이름을 불러본다.

그녀가 내 신분증을 앞뒤로 찬찬히 돌려본다.

그녀가 내가 이 아파트에 살며, 내 나이가 30인 것을 알게 된 것 같다.

나는 새 보안카드를 받고 좋은 하루 보내세요, 인사하고 은행을 나선다.

서로 신분을 알게 된 두 사람은 출근길에 지나치며 그전보다 더 정답게 인사를 나눈다. 출근길에 그녀를 스치지 않고 출근하는 날은 무엇인가 한 가지 빼먹은 기분이다.

나는 ATM 부스로 가서 통장을 정리했다. 기계가 정리를 거부했다.

나는 번호표를 뽑고 내 차례를 기다렸다. 내 번호가 이윤희 자리로 안내했다.

나는 그녀 앞에 앉으며 통장을 내밀며, ATM 기계에 찍히지 않아요, 했다. 그녀는 통장을 찍어보고 마그네틱 테이프가 손상됐어요, 통장을 교체해 드릴게요, 했다. 나는 그녀가 바꿔준 새 통장을 받아 들고, 감사합니다, 하고 창구를 떠났다.

내일이 어버이날이다. 나는 아버지와 어머니께 백만 원씩 현금을 선물할 계획이다. ATM 부스에서는 하루 백만 원만 인출할 수 있다.
나는 번호표를 뽑고 내 차례를 기다렸다. 이번에도 번호표가 이윤희를 찾으라 했다.
"어버이날 부모님께 백만 원씩 현금 선물할 겁니다."
나는 통장과 도장을 창구로 들이밀며 말했다.
"효자시네요."
그녀가 웃으며 말했다.
그녀가 백만 원씩 현금을 담은 봉투 두 개를 건네며 저한테도 선물 하나 주시겠어요, 했다.
"무슨?"
내가 그녀의 말을 이해하지 못하여 그녀를 빤히 처다보며 말했다.
"우리 은행 신용카드 하나 들어줘요?"
"저 신용카드 있는데요."
"우리 은행 것 하나 더 가지시면…"
그녀의 목소리가 간절하다.
"알았어요. 하나 더 가지지요."
그녀가 서류를 내밀며 감사하다고 인사한다.
나는 신용카드를 신청하는 서류를 작성하여 그녀에게 넘기고, 좋은 하루 되세요, 하고 인사하고 창구를 떠났다.
그 후 출근길에서 스칠 때 우리는 좀 더 친밀해진 감정으로 인사를 나눈다.
며칠 후 우리는 다시 출근길에 마주쳤다.
"안녕하세요? 카드 나왔어요."
내가 활짝 웃으며 인사했다.
"아, 카드 들어줘서 감사해요."
두 사람은 멈춰서서 인사를 나눈다.
"감사하기는요. 참 저 그 카드 쓸 기회를 주시겠어요?"

"카드 쓸 기회?"
"네, 그 카드로 점심 모시고 싶은데."
그녀는 멈칫하더니, 좋아요, 했다.
"그럼 전화번호 좀."
그녀가 눈을 반짝이더니 핸드백에서 명함을 꺼내 건넸다.
나도 지갑에서 명함을 꺼내 건넸다. 그녀가 내 명함을 앞뒤로 돌려보더니 아, ㄱ사 다니시는군요, 하고 고개를 끄덕인다.
"제 핸드폰에 윤희 씨 전화번호 저장하고 출근하면 바로 전화드릴 게요."
"저도 저장할게요."
윤희가 환하게 웃으며 말했다.
우리는 손을 흔들며 헤어졌다.

*

두 사람은 12시, 롯데 몰 지하 1층 금관상 앞에서 만났다.
윤희는 은행 창구에서 볼 때와 달리 화장을 짙게 했다. 우선 빨갛게 칠한 입술이 눈을 잡았다. 빨간 입술이 들창코 콧구멍을 떠받혀 묘한 분위기를 냈다. 우리는 식당가로 올라가려고 엘리베이터를 타러 가며 무엇을 먹을까, 상의했다. 중국식, 일식, 스페인식 하다가 인도 카레를 먹기로 했다. 2인석 식당에 마주 보고 앉았다. 나는 그녀더러 메뉴를 고르라고 했다. 그녀는 란과 카레를 주문하고 볶음밥을 추가했다. 음료는 생맥주를 한 잔씩 하기로 했다.
식탁에 놓인 키오스크로 주문을 마치고 나는 그녀를 마주 봤다. 눈이 맑다. 호수같이 맑은 눈이 눈부시다. 눈썹이 짙고 가지런하다. 얼굴 피부가 곱다. 깨끗하다. 들창코만 아니었으면 미인 얼굴이다.
나는 하얗고 투명한 그녀의 얼굴 피부에 눈길을 두며, 정말 피부관리를 잘했다, 생각하며, 눈이 참 예쁘네, 하며 그녀에게서 발견한 다른 아름다움에 감탄이 절로 나왔다.
두 사람은 다정하게 점심을 먹으며 신상을 이야기했다. 그녀는 도청소재지에 변호사를 개업한 아버지의 무남독녀였다. 그녀는 오피스텔에서 혼자 자취하고 있다.

나는 은행 지점이 있는 45평 아파트에 부모와 함께 살고 있으며, 여동생은 결혼했고, 나는 아직 결혼 못하고 노총각 반열에 들어가고 있다고 웃으며 말했다. 서로 신상을 파악한 남녀는 다정하게 대화를 나누며 연인같이 다정하게 인도 음식을 즐겼다. 생맥주가 윤활유 역할을 하여 쉽게 입을 열게 했다.

식사를 마친 후 내가 점심 값을 냈다. 그녀가 커피를 사겠다고 했다. 나는 좋다고 했다.

"봄 날씨도 좋고 하니 석촌호수를 한 바퀴 돌고 호숫가 커피숍에서 호수를 보며 커피를 마시면…."

그녀가 수줍게 웃으며 말했다.

우리는 봄과 벚꽃을 즐기는 인파에 뒤섞여 호수 둘레길을 돌며, 떠들고 사진도 찍었다. 호숫가에 있는 커피숍에 재수 좋게 빈자리가 있어 자리를 잡고 커피의 맛을 즐기며 둘레길을 도는 인파를 보며 연인같이 조잘거렸다.

나는 그녀의 호수 같은 맑은 눈에 빠져 그녀의 눈을 보며 허우적거렸다.

다음날 출근길에 마주친 두 사람은 다정한 미소를 보내며 인사를 주고받으며 스쳐갔다. 나는 그녀의 들창코가 익숙해져서 눈에 크게 거슬리지 않았다.

내가 오후 일과를 시작할 때 경비실에서 남자가 면회 왔다고 연락이 왔다.

나는 누가 면회 왔나, 궁금해 하며 경비실로 내려갔다. 건장한 청년이 나를 기다렸다.

얼굴에 긴 칼자국 흉터가 있는 근육질의 남자다. 나는 그를 처음 본다.

나는 남자에게 현관 로비 구석에 있는 커피숍으로 가자고 했다. 그가 한 손 주먹을 다른 손바닥에 탁탁 치며 졸래졸래 나를 따라왔다.

내가 자리를 잡으며 무엇을 드실까, 물었다.

"커피는 됐고, 당신 그러면 안 되지?"

남자가 시비조로 반말했다.

"무슨 말씀?"

"지난 토요일 이윤희 씨와 석촌호수 갔었지?"

"네. 그런데 그걸 어떻게 아셨어요?"

"그건 알 것 없고, 이윤희 씨 임자 있는 몸이니 더 이상 접근하지 마쇼."

"네? 이윤희 씨가 유부녀요?"

"뭐, 그리 말이 많아. 만나지 말라면 알았다고 하면 됐지. 딴소리할 것 없고 공연히 또 만나면 뼈도 못 추리는 수가 있으니 그리 아쇼. 내 말 알아들은 것으로 알고 그만 갑니다."

남자가 오른손 주먹을 왼손 손바닥에 탁탁 치며 말했다.

나는 멍청히 남자를 쳐다봤다.

남자가 나를 한껏 노려보더니 훨훨 커피숍을 나갔다.

나는 사태 파악이 잘 안 되어 잠시 멍청하게 서 있다가 이윤희 애인이 깡패를 시켜 겁을 줬나, 아직 연애 단계에 접어들지도 않았는데 못난이 토마토가 잘 팔리듯 은행원 직장이 좋아 목매는 놈이 있나, 하며 사무실로 올라갔다. 나는 하루 종일 무엇에 쫓기는 듯 찜찜했다.

다음날 출근길에 그녀를 마주쳤다. 반가움보다 어정쩡한 기분이었다. 나는 어물거리며 인사하고 그녀를 지나쳤다.

나는 그녀를 못 만나면 가슴이 터지는 단계까지 연애가 진전된 것도 아니고, 공갈친 녀석이 두렵다는 생각은 들지 않았으나 꺼림칙하여 그녀에게 또 만나자고 전화하지 않았다. 그녀도 전화해 오지 않았다. 대부분 은행에서 볼일은 인터넷에서 할 수 있어 은행에 갈 일이 없어 그녀를 은행 창구에서도 볼 일이 없었다.

나는 그녀를 아침 출근길에 만나는 것을 피하려 출근 시간을 20분 앞당겼다.

몇 달 후 현금을 찾을 일이 있어 ATM 부스에서 현금을 찾으며 은행 창구를 건너다보니 그녀가 앉았던 자리에 다른 여직원이 앉아 있었다. 나는 그녀가 전근 갔나, 하며 무심하게 그 상황을 받아들였다.

나는 과일 장사가 못난이 토마토를 따로 담아 파는 것을 보거나, 그녀의 권유로 낸 신용카드를 쓸 때 문득 그녀가 생각났으나 그리움은 아니었다.

나는 어머니 친구의 중매로 식품공학을 전공한 식품제조 회사에 다니는 여인과 맞선을 본 후 6개월 만에 결혼했다. 이공계를 전공한 아내는 깔끔하고 이지적이었다. 키는 좀 작은 편이었고, 오똑한 코가 그녀를 고집스럽게 보이게 했다.

첫 아이를 분만하러 산부인과 병원에 입원했다. 하루를 진통해도 아이가 나오지 않았다. 의사는 제왕절개 수술을 권했다. 아내는 첫 아이를 자궁에 칼을 대서 얻기 싫다며 자연분만을 고집스럽게 주장했다. 나와 의사는 그녀의 고집을 꺾을 수가 없었다.

그녀는 아이를 사산했고, 산후조리를 하다가 사망했다. 현대 의학이 그녀를 살리지 못했다. 나는 아내와 첫 아이를 잃은 충격에 허우적거렸다. 겨우 충격에서 벗어날 무렵 어머니는 재혼을 권했으나, 나는 아직 새 여자를 맞을 마음의 준비가 되어 있지 않았다.

*

성악을 전공한 고등학교 동창이 이탈리아 유학을 마치고 귀국하여 귀국독창회를 예술의 전당 콘서트홀에서 연다며 초청장을 보내왔다. 나는 저녁 7시, 공연 시간 30분 전에 예술의 전당에 가서 초청장과 좌석표를 바꿨다.

나는 커피를 한잔 마시고 공연을 곧 시작한다는 차임벨 소리에 맞춰 입장했다. 내 자리는 앞에서 세 번째 줄 중앙에 있었다. 나는 미리 좌석에 앉은 여자에게 양해를 구하고 안쪽 자리로 들어갔다. 자리를 양보한 여자가 눈에 익다.

"어, 안녕하세요?"

나는 자리에 앉으며 옆자리에 앉은 여인, 이윤희에게 인사했다.

"어, 안녕하세요? 여기서 만나네요."

그녀도 바로 나를 알아보고 놀라는 표정을 지으며 인사했다.

"아직 은행 다니시지요? 어느 지점?"

"네, 압구정 지점. PB실에 근무해요."

"그럼 VIP만 상대하겠네요?"

"네. 그 회사 다니시지요?"

"네. 아직 다녀요."

우리가 인사를 하는 사이 피아노 반주자와 함께 연미복에 나비넥타이를 맨 공연자가 우레 같은 박수를 받으며 무대에 등장했다. 우리도 박수치며 공연자를 맞으며 대화가 끊겼다.

1부 공연이 끝나고 휴식 시간에 나와 이윤희는 공연장을 나와 줄을 서서 커피를 받아들고 마주 섰다.

그녀는 성악가가 사촌 오빠라고 했다. 몇 마디 말을 나누기도 전에 차임벨이 울려 우리는 공연장으로 다시 입장했다.
　공연이 끝나고 그녀는 오빠와 인사한다고 기다리겠다고 하여 나는 공연을 보러 온 다른 동창들에게 끌려 먼저 예술의 전당을 떠났다.
　나는 그녀에게 받은 명함을 만지작거리며 그녀에게 전화할까 망설였다. 그녀는 유부녀가 되어 있을 것이다. 주먹을 시켜 나에게 공갈을 치게 했던 친구와 결혼했는지도 모른다.
　봄이 오고 꽃들이 다투어 피어 아름다움을 선사했다.
　나는 석촌호수에서 벚꽃 축제를 한다는 기사를 보며 문득 이윤희와 인파에 휩쓸리며 호수변 산책로를 걷던 생각이 나서 그녀에게 전화했다. 그녀는 반갑게 내 전화를 받았다.
　"석촌호수에서 벚꽃 축제를 해요. 같이 축제 구경 가시겠어요?"
　나는 조심스럽게 말했다.
　"벚꽃 축제? 좋아요. 언제지요?"
　"이번 주말, 토요일 12시 롯데 몰에서 만나 점심 먹고 벚꽃에 묻혀 산책해요."
　"좋아요. 시간 맞춰 롯데 몰 그때 만났던 장소로 갈게요."
　쉽게 그녀와 같이 점심 먹고 산책하기로 답을 받고 나는 아직 그녀가 미혼인가, 하며 호기심이 일었다.
　이윤희는 봄날에 맞는 화사한 연초록색 잠바를 걸치고 나왔다.
　빨갛게 칠한 입술이 눈에 확 띄었다. 향수 냄새가 확 풍겼다.
　우리는 반갑게 인사하며 악수했다. 바로 6층 식당가로 가서 식당가를 한 바퀴 돌았다. 주말에 바로 코앞에서 벚꽃 축제가 있어서인지 식당마다 대기자가 진을 치고 앉아 있다. 우리는 빈자리가 보이는 식당에 무조건 들어갔다. 인도 식당이다. 우리는 란과 카레, 볶음밥을 주문하고 음료수로 생맥주를 주문했다. 우리가 수인사를 마치기 전에 생맥주가 바로 나왔다. 건배하고 한입 죽 들이켰다. 시원함이 전신에 전해졌다.
　"아이가 몇이세요?"
　그녀가 수줍게 물었다.
　"한 명 될 뻔했는데 없어요."
　내가 선문답을 했다.

"무슨 말씀?"
"출산하다가 사산했어요. 산모랑 같이."
"아, 죄송해요."
"죄송할 거는 없고. 윤희 씨는?"
"저도 아이는 없어요."
나는 무슨 말이지, 하며 그녀를 빤히 쳐다봤다. 빨간 입술 위의 들창코가 보기에 어색했다.
"결혼은 했는데, 남편이 도망가 버렸어요."
그녀가 눈을 내리깔며 말했다.
"도망? 남편이 혹시 주먹 아니셨어요?"
내 입에서 불쑥 말이 나왔다.
"어떻게 아셨어요?"
"그러셨구나."
"저한테 목매는 주먹이 있었어요. 정말 끈질기게 쫓아다녀 결혼했는데, 결혼 후 사업하겠다며 은행 융자를 받아내라고 졸라서 제 이름으로 5억을 융자받아 줬는데 돈을 받고 3일 만에 사라졌어요. 그리고 소식이 없어 남편이 있는 건지 없는 건지 모르겠어요."
여자가 힘들게 말했다.
"그 빚 갚느라 고생하시겠네요."
나는 주먹 친구에게 협박받았다는 말은 하지 않았다.
"그 이야기 그만 해요. 이 좋은 날 빨리 밥 먹고 벚꽃 구경이나 가요."
서로 가정 사정을 알게 된 두 사람은 란을 찢어서 카레를 찍어 먹으며 서로 눈치를 봤다. 벚꽃이 흐드러지게 핀 호수 길은 발을 디딜 틈도 없을 만큼 인산인해다. 진행 요원이 안전사고를 막기 위해 한 방향으로만 걷도록 유도했다. 두 사람은 꽃 지붕을 머리에 이고 걸으며 마음이 화사해졌다.
"정말 꽃이 피크네요. 초청해 주셔서 감사합니다."
"뭘요, 이렇게 나와 주셔서 제가 감사하지요."
두 사람은 핸드폰 카메라를 하늘 위에 흐드러지게 핀 벚꽃에 대고 계속 셔터를 눌렀다.

두 사람은 인파에 밀리며 벚꽃의 화사함을 찬탄하며 호수 변 산책로를 밀려서 걸었다. 너무 사람이 많아 대화가 인파에 묻혀 잘 들리지 않아 말을 놓고, 그 인파 속에서도 사진을 찍는 사람에 길이 막혀 잠시 멈춰 섰다가 걷곤 했다. 한참 산책로를 돌자 갈증이 왔다. 산책로 한편에 있는 커피숍은 만원이다. 두 사람은 수변 무대 계단에 앉아 다리를 쉬었다. 내가 아틀리에 커피숍에 가서 그녀가 주문한 카페라테와 내가 마실 아메리카노를 사 와서 마시며 산책로를 도는 인파를 멍청히 쳐다보았다. 롯데 어드벤처 놀이터에서 놀이 기구들이 창공을 날았다.

"정말 사람이 많네요. 꽃구경보다 사람 구경하네요."

윤희가 활짝 웃으며 말했다.

봄빛에 그녀의 얼굴이 상기되어 빛이 났다. 나는 젊음을 가득 담은 그녀의 얼굴을 건너다보며 그만하면, 정들면 괜찮겠다고 느꼈다.

많은 대화는 나누지 못하고 두 시간 가까이 산책로에 꽃과 사람을 구경하고 우리는 헤어졌다. 또 만나자는 약속은 안 했다.

*

세월이 마구 흘러갔다.

그동안 나는 회사에서 과장으로 진급했고, 몇 번 선을 보고 데이트 비슷한 것을 했으나 재혼으로 이어지지는 않았다.

또 다른 봄날, 그동안 소식이 없던 이윤희로부터 메시지가 왔다. 우리 아파트 상가에 있는 은행 지점으로 발령이 났다며, 아직 그 아파트에 사느냐고 물어왔다. 나는 아직 그 아파트에 산나고 답하고, 내 위수시구로 이사 왔으니 신고를 받고 점심을 대접하겠다고 했다.

그녀로부터 좋다는 답이 왔다. 이번 토요일 12시 우리가 만났던 롯데몰 그곳에서 만나자고 메시지를 보냈다. 그녀가 바로 좋다고 답했다.

나는 세 번째 그녀와 같은 장소에서 만나러 가며 이 무슨 인연인가, 했다.

그녀는 빨간색 바지에 흰색 블라우스를 입고 나왔다. 오늘도 입술을 빨갛게 칠했다.

나는 그녀를 5층 식당가 해물 스파게티 집으로 안내했다. 마침 입구에 빈자리가 하나 있어 바로 자리를 잡고 해물 스파게티와 리조토를 주문했다. 생맥주도 주문했다.

　음식이 나오는 사이 우리는 서로 신상을 확인했다. 그녀는 내가 아직 재혼하지 않은 것을 알게 됐고, 나는 그녀가 아직 혼자 살고 있는 것을 알게 됐다.

　홀아비와 이혼녀(?)인 두 사람은 자유롭게 대화를 이어갔다.

　식사 후 석촌호수 산책로를 걸었다.

"벚꽃이 졌는데 여전히 걷는 사람이 많아요."

"젊은 사람들이 많네요. 데이트는 호젓한 곳이 좋을 텐데."

"이곳도 좋아요. 신록이 싱그럽잖아요."

"정말 신록이 신선하네요. 어떻게 저렇게 계절을 알고 피어날까요?"

　다행히 커피숍에 자리가 났다. 우리는 커피를 마시며 산책로를 도는 인파를 보며 시사한 이야기를 즐겁게 나눴다. 맑은 공기, 화창한 날씨, 파란 하늘 아래 봄에 익은 그녀의 모습이 활짝 피어난 꽃 같아 그녀의 콧구멍이 하늘을 보는 것을 나는 잘 느끼지 못했다.

　세 번이나 밥을 얻어먹었으니 다음에는 그녀가 밥을 사겠다고 하여 또 만났고, 그런 저런 핑계로 또 만났다. 젊은 남녀가 만나다 보니 손을 잡게 되고, 가벼운 포옹을 하게 됐다. 더 강렬한 육체의 욕구가 그들을 은밀한 공간에서 만나도록 했고, 차를 몰고 시외로 나가 식사했다. 차라는 공간에 숨어 두 사람은 좀 더 뜨겁게 포옹하고, 입맞춤도 했다. 더 진한 관계를 원하는 육체의 요구에 맞추어 두 사람은 윤회가 사는 원룸 공간으로 숨어 들어가서 NETFLEX에서 애정 영화를 골라 틀어놓고 포도주를 마시며 허허거리다가 만리성을 넘었다. 한 번 성을 넘자 더욱 육체가 상대방을 원하여 자주 어울렸다.

　둘은 남녀가 어울리는 것을 합법적으로 인정하는 결혼을 하기로 했다. 둘 다 초혼이 아니라 결혼식은 생략하기로 하고 호적에 올리는 법적 조치만 하고 같이 살기로 했다.

　한 지붕 밑에 살다 보니 그녀의 얼굴이 익숙해져 들창코는 잘 보이지 않고 날씬한 몸이 먼저 보였다. 나는 정이 들면 상대의 약점이 보이지 않나, 하며 처음 스칠 때 들창코를 딱하게 여겼던 기억을 떠올리며 허허거리며 그녀와 인연을 쌓으며 그럭저럭 잘 살고 있다.

시

윤명철 _ 명예회장(4대)

염하鹽河, 넋걷이 살풀이, 운양호 침입 150년 외 1편

1. 갯바위

나가려는 민물.
들이치는 짠물.

휘몰이 여울마당 한쪽
묵은 당나무처럼
오똑 선
갯바위.

쪽배, 멍텅구리 배로 괴기 잡다 휩쓸려
물 때 잊고 비지락만 캐다 휩쓸려
머얼리 머얼리 떠난
백성들 모여.
마을 무당들 모여.
떼거지로 넋걷이해 오던
그 갯바위.

수 천 년 세월

뱃사람들 애간장 뒤범벅 된
반질반질한 그 갯바위.

2. 혈투

'훠어이 훠어이'

새하얀 황새 떼 날라와
넓은 소맷자락들 휘날리며
간기 밴
물안개 일으킨다.
뭉게구름들 물 위로 활짝 피어난다.

'피리릭 피리릭'

갓 쓴 저승사자들
새 까망 도포자락 휘날리며
구름 살 묻은 물살들
대차게 쳐내며
채 덜 삭은 갯가 뻘들 뒤덮는다.

'파스락 파스락'

알록달록 철립에 콩알처럼 주렁주렁 열린
구슬들 부딪히며

살기 뿜어대고.
펼쳐 든
철 부채 살에 베인
핏방울 딱지들 털어낸다.

신주 당간 같은 갯바위 둘레.
흰 옷 입은 백성들의 눈물 밴 민물.
까망 군복 걸친 군인들의 살기 밴 짠물.

하양 백성들
까망 군복들
둘레 둘레 돌며
샅바 끌며 한 바탕 용쓴다.
뒤엉켜
강강수월래
피춤
칼춤
총춤
한마당 춘다.

'어허이'
'어흐이'
'아허이'
'아흐이'

나라가 버린 백성들.

알몸에 참낫 든
알상투에 쇠스랑 꼬나 쥔
백성들.
멀리
마리산 마루 턱 넘어온 산바람에 핏물들 말리며
소릴 지른다.

'몃'
'몃' 한다.

얇은 살점들 단풍 깻잎처럼 휘날리고
빈 뼈마디 마디 병든 고춧대처럼 꺾이면서
흰 핏물들 떨군다.

'가는구나.'
'가는구나.'

나랏님도 아닌,
양반님도 아닌,

내 새끼들
발바닥만한 내 땅
손바닥만한 내 물
억세게
억세게도 지키다가.

끝내는 가고 마는구나.
급살煞 맞아
원怨 품고 가는구나.
어느 땐간
누군간
넋걷이
굿판 벌이겠지
살풀이하겠지
바라며
'허허' '허허'
웃으면서 가라앉는다.

그리고.

'조선'은 굴복하고.
그들은 그대로 호의호식하고.

우리 새끼들은 그대로 굶주리고, 구박 받으면서.

3. 넋걷이, 살풀이 굿

세월.
오랜 세월 흘러.

이 날.

민물 짠물
만나 살 섞이며
오색 깃발들 흔들며
무지갯빛 휘몰아치는.

'닐리리' '닐리리'

신바람 날리는
세상 되었고나.

마리산 자락 도당산에 스며
내림굿 받은 애무당들.
신령님들 영험에 지펴
오색 천 휘두른 채
신칼 휘두르며
달려와
시퍼렇게 쌍날 작두 위에
한 모금 짠물
훅 뿜어대곤
뱃전에 붙어
울부짖던
그 갯바위 어루면서
神 칼질로 서걱 서걱 베낸다
팔주령 흔들어 대
물거품들 일으킨다.

떨며 잠복해 숨 죽여 온
어린 넋들
물속에 담근 靑솔가지, 흰색 고름
낚아채
물 밖으로 빛 쬐며 솟구친다.

허공에 매달린 '흑풍黑風'들
우수수 낙하해
'부글 부글'
끓탕질하다
'뽀글 뽀글'
거품으로 산화한다.

진 빠진 애무당
혼절하면서 엎어지고
오방색 적삼 자락 위로
몇 마리용들 승천하며
그림자로 일렁인다.

갯바위.
청동거울들 박힌
큰 고인돌로 변신하며
평평
흰 빛들 쏟아낸다.

밀물들 질주하면서

염하鹽河 위로
'승勝'자 깃발들
'둥' '둥'
'둥' '둥'
떠다닌다.

'얼쑤 절쑤'
'얼씨구 절씨구'
'덩더꿍 덩더꿍'

떼로 모여

白빛 상모 길게 에돌리며

강강수월래.

강강수월래.

解冤해원이다.
解冤해원이다.

靑빛 외침들 물결 위로 흩퍼진다.

*2025년 9월 20일. 초지진 살풀이 터에서

바이칼서 파주들로 회향한 기러기떼

수천리 깊이
바이칼호에
긴 뿌리 박은
알혼섬.
길 떠난
노 무당들
새하양 넋 걸친
불 칸 바위.
틈 새 새
동그란 알 껍질들
깨뜨리고
머언 남쪽 파주들 철책선가에서
품어 온
인연들 풀어
또 다른
生 득한
애기러기 떼.

먼 먼
오랜 세월 그리고 그리워하다
희미한 心印으로 찍혀
혹간

만져지는 흉터의 가려움증으로
남겨진
아릿한,
淸 물살
綠 풀밭
碧 하늘
白馬 떼
靑 늑대 떼.
회오리 살풀이 추며
'아리 아리 아라리'
휘몰아치는
기운 찬
터
바이칼.

그 언저리
활공해 가며 여물어 간
기러기 떼.
수만리 하늘길
달빛, 햇빛에 달구고 데이고
번갯불에 깃털들 그슬리고
모진 북서풍에 茫茫 표류하며.
그렇게
죽기 살기로
날라

끝내는
옛 인연들 기억해 내
파주.
노릇노릇 알벼 떼 익어가는
들판에 착지한다.

늦봄 날들, 한여름 날들
내내.
여명의 창틀에 기대
벼이삭들 자라는 논둑 거닐며
애 졸일 때마다
떨군
그리움 방울들
차올라
생긴
심장께
해 맑은 옹달샘.

기러기 떼
'퐁당 퐁당'
암갈색 그림자 통째로
빠져
황혼빛 부리로
소리 떼 토하며
'찰랑 찰랑'

가을 파문들 일으킨다.

念花

'아리 아리 아리랑'

아.
바이칼.
수 천 년 세월
담아온
맺혀진
그 그리움 떼.
힘겹게 회향한
기러기떼들 물어온
배냇 기억 파편들 맞아
활활
불꽃 핀다.

임진강 철책선
녹슨 赤색 철 가시마다
환생한 기억들
늦게 핀 꽃 소리들
터진다.
펑펑.
펑펑.

불놀이야. 꽃놀이야.

'아리 아리 아리랑
아리 아리 쓰리랑
아라리요.'

*2025년 가을 날 아침 기러기 소리떼 들으며

시

최부희 _ 명예회장(7대)

곱돌 외 2편

어린 시절
땅바닥에 선을 긋고 놀았지
못난 곱돌로

철든 후엔
칠판 위에 글을 쓰며 살았지
하얀 백묵으로

이제는
매끈한 곱돌에 희망을 새기지
반듯한 칼날로.

돌

말하지 않겠다
흐르지도 않겠다

살아남으려고
사랑도 미움도
더는 스며들지 않게
끝내 굳어진 마음

바람도 강물도
나를 데려가지 못하게
무거운 침묵으로
그 자리에 남아

흙이 되고
먼지가 되더라도
그냥
너를 기다리겠다.

새김에 대하여

새긴다는 것은
남긴다는 것

돌 위에 칼날을 대고
시간을 올곧게 누르면
손끝에 스미는 묵묵한 날의 흔적

한 획, 또 한 획 새길 때마다
덧칠할 수 없는
오롯한 자국으로
빛나는 무늬

흘려보낸 말들은 사라져도
잊지 않기 위해
무엇을 새기고
무엇을 기억할 것인가

산다는 것은
지울 수 없는
새김의 다른 이름.

수필

한 솔 _회장

일본에서 바라본 한국문화 외 1편

추석 연휴 말미에 8박 9일 간 일본 시코쿠 섬 북동쪽에 위치한 다카마쓰에서 히로시마까지 약 350km를 자전거로 여행하였다. 히로시마를 제외하면 대부분 소도시와 농어촌 지역이라 그런지 사람들이 활력이 있어 보이지는 않았지만 매우 안정된 지역이라는 인상을 받았다.

이 나라가 30년 간 경제가 침체되어 있다는 걸 고려하면 좀 의외의 모습이었다. 만약 우리나라가 이 정도의 정체 상황에 있었다면 어떤 일이 벌어질 수 있을까를 생각해 보면 이 사람들은 우리와 상당히 다른 사람들이라고 판단할 수 밖에 없었다.

일본인들은 2,000년 이상 한 핏줄로 이어 내려온 '만세일계万歲一系'의 왕실이 존재한다는 자부심을 갖고 있다. 세계 어느 나라보다도 안정된 역사를 갖고 있다는 자부심이다. 그러나 이 '안정'은 변화나 혁신의 힘이 약하였다는 허점을 지니고 있다. 저항이 없었다는 의미로도 해석할 수 있다. 권력의 지배를 받는 사람들이 지배층에 도전하지 않는 체제는 세상의 모든 지배자들이 꿈꾸어 온 이상적인(?) 정치체제다.

사회의 모든 계층이 저항 없이 자기 신분을 벗어나지 않고 직무에 충실한 사회가 안정적일 수는 있지만, 사회 진보라는 측면에서 본다면 그 사회는 그렇지 않은 사회보다 훨씬 더 불안한 사회일 수도 있다. 사회가 정도로 안정적인 상태를 유지한다는 것은 계층 이동이 거의 이루어지지 않는 사회로, 활력이 없는, 비정상적인 사회라고 할 수 있다.

계층의 안정성을 기반으로 발전을 이루어온 일본의 독특한 사회체제는 앞서 있던 서구 문화를 복사하는 과정에서는 유용한 체제일 수 있었다. 메이지明治 유신(1868) 이후, 일본의 산업은 서구의 과학과 기술을 복사하는 것으로 터를 닦았다.

과학과 기술에서 지적재산권이라는 개념이 없던 시절, 아무 죄책감이나 대가 없이 앞서 발달한 모든 기술을 복사할 수 있었다. 오히려 서구의 기술을 빨리 습득하는 일본이 칭찬과 선망의 대상이 되기도 했던 시절도 있었다. 이런 산업화 과정은 이차대전 이후에도 계속되었다.

70년대 이후 일본을 뒤쫓는 네 마리의 용과 중국을 비롯한 신흥국들이 기술을 습득하면서 선진국의 산업을 위협하는 수준에 이르자, 지적재산권의 개념을 만들어내게 된다. 지식만으로도 부를 창출할 수 있는 사회가 도래한 것이다. 이 개념은 후발 추적자들의 속도를 지체시키는 역할과 무형자산 만으로도 부를 축적할 수 있는 기회를 만들어내었다.

2차대전 이후 폐허에서 일본이 빠른 속도로 재기할 수 있었던 것은 메이지유신 이후로 축적된 서구의 기술과 산업 지식을 보존하고 있었기 때문이다. 그러나 80년대 경제의 최전성기를 지나 오늘에 이르기까지 일본 산업을 살펴보면, 지난 세기 서구에서 복사했던 기술 이상으로 크게 발전한 것이 별로 없다. 예를 들면, 니콘이나 캐논의 카메라는 회로가 전자화 되었을 뿐, 독일과 스웨덴의 카메라를 복사했던 형태와 기술에서 크게 벗어난 것이 없다.

전자제품도 40년대 말, 미국에서 개발한 트랜지스터를 제품에 적용하여 대량생산으로 막강한 힘을 발휘하던 소니와 마쓰시다가 2000년대 초 컬러TV와 VTR을 정점으로 이미 막을 내리고 말았다. 서구에서 도입된 것을 바탕으로 새로운 제품으로 발전시키지 못한 것이다.

　반도체와 조선공업이 한국을 경쟁자로 맞아서 내리막길로 들어섰던 것도 새로운 기술개발의 속도에서 우리를 쫓아오지 못하였기 때문이다. 자동차산업이 근근하게 경쟁력을 유지하고 있지만, 이미 한국의 기술이 일본을 추월하는 현상이 곳곳에서 나타나고 있다. 이것이 보통 사람들이 지배층에 대한 신뢰에 기반한 안정된 일본 사회의 실제 모습이다.

　일본사회가 안정되게 보이는 이유를 이해하려면 그들의 역사를 들여다보아야 한다. 일본에는 저항의 역사가 별로 없다. 일본의 보통 사람들은 그들의 지배자가 누가 되든 상관하지 않았다. 봉건영주가 요구하는 규율에 부응하고 적응하기만 하면 삶은 보장되었다. 그만큼 수동적인 개인일 수밖에 없었다. 안정은 계층의 이동이 지극히 힘든 사회에서는 개인이 하나의 독립된 주체로서가 아닌 집단의 한 부분으로 인식되었다.

　르네상스 이후 서구에서 개인이 독립된 주체로 인식되었던 것과 차이가 있다. 우리는 역사적으로 일본보다는 근대 이후 서구 쪽에 가까운 '개인관'을 갖고 있었다. 금세기 들어서 한국과 일본의 경제적 격차가 더욱 좁아지고 있는 현상은 이런 측면에서 보면 쉽게 이해가 될 수 있다.

　에도막부시대에는 백주대로에서 무사가 상인의 목을 베어도 책임을 묻지 않았을 만큼 억압적인 체제가 유지되던 곳이 일본이다. 19세기까지도 무력을 앞세운 강압적 지배체제가 유지되었던 나라로 주체적 개인이 존재할 수 없었다. 일본인들이 한국에서 벌어지는 대규모 시위와 저항활동에 놀라는 이유 중에는 강세된 질서의 흔적이 아직도 일본 사회에 남아있기 때문이다.

　일본과 똑같이 사농공상의 신분 구분이 있었고, 오랜 시간을 오리(傲吏)들과 양반계급의 수탈에 시달리던 백성들이었지만, 위기에 처했을 때에는 목숨을 바쳐서 국가를 지키려 했고, 장터 한마당에서 양반들이 광대들의 놀림거리 대상이었던 나라가 조선이다. 조선도 일본과 마찬가지로 계층이동이 어렵기는 마찬가지였지만, 일본인들이 상상할 수 없는 주체성을 지닌 사람들이 살던 나라였다.

얼마 전까지만 해도 우리가 일본으로부터 배워야 할 것이 많다고 하였지만, 지금은 K컬처가 세계를 휩쓸고 있다. 일본은 10여 년 전부터 케이컬처에 맞서서 국가 주도의 J컬처 진흥 정책을 펴고 있지만 성공하지 못하고 있다. 일본은 케이컬처의 배후에 정부의 힘이 작용하고 있다고 주장하지만 실제로는 그렇지 않다.

그들은 K컬처의 힘이 어디에서 유래하는지를 아직 이해를 하지 못하고 있다. 동아시아 세 나라 중, 한국의 문화가 전 세계인에게 영향력을 발휘하고 있는 것은 우리 문화가 그만큼 인류의 보편적 가치에 접근해 있다는 증거가 될 수 있다. 또 오랫동안 무력을 앞세운 무인들의 통치 아래에서 의사 표현을 제대로 할 수 없었던 일본과 달리 한국은 주체적 판단력을 갖춘 개인을 허용한 오랜 전통을 갖고 있기 때문이라고 생각한다.

일본인들의 말과 행동으로 드러난 사회적 태도(다데마에; 健前)와 실제 속마음(혼네; 本音) 사이에 상당한 거리가 있다고 한다. 이들은 사회생활에서 자신의 생각을 솔직하게 드러내기 힘든 문화에서 살고 있다. 이런 문화적 전통은 자율과 창의성을 앞세운 현대 정보 사회에서 필요한 인재 육성을 어렵게 만들고 있다.

이 시대에는 국가 권력의 요구가 없어도 몽고 제국과 벌였던 수십 년의 투쟁과, 일제의 침략에 분연히 맞섰던 보통 사람들의 저항과, 지배자들의 실정을 예술로 승화시켜 비판하였던 한국의 문화적 전통이 새로운 문화를 창조해내고 있다. 독재를 꿈꾸던 이들에게 혼란으로 지목되기도 하였던 정신의 자유로움과 그것에서 발아한 창의성이 K컬처를 만개시키고 있는 것이다.

갈등 공존 생존

그리스 로마 신화나 성경에서 선과 악을 분명하게 가르고 악을 배척하는 것과 달리 동아시아의 전통사상에서는 음과 양, 선과 악의 공존을 인정한다. 이곳에선 기독교나 이슬람에서처럼 절대적 권위를 인정받은 신이 존재하기 않았다. 신을 인정하더라도 절대적 권위를 받아들이지 않으며, 세계의 선과 악이 절대적 존재의 뜻이 현시된 것으로 받아들이지 않는다.

투쟁과 대립은 인간의 투쟁이고 대립일 뿐 신이 개입되지 않는 것이다. 선악이 행동으로 드러났다면, 그것을 개인의 윤리의식과 결부된 문제로 받아들일 뿐, 신이 그 행동에 개입된 것으로는 받아들이지는 않는다.

인간의 몸에 수탉의 머리, 뱀의 형상을 한 두 다리, 오른손에 방패, 왼손에 채찍을 든 모습을 한 아브락사스는 헬레니즘 시대 알렉산드리아 사람들이 믿던 신이다. 예수가 등장하기 3세기 전 유물에 등장한다.

닭은 예견과 사려 깊음, 방패는 지혜, 채찍은 힘을 의미하며 두 마리의 뱀인 누스와 로고스는 영성과 이해로 우주를 지배하던 신이다. 창조하고 지배하는 아브락사스는 불완전한 이 세상의 지배자인 동시에 완전한 세계에 대한 매개자이기도 하다.

불완전한 세상은 선이 악을 압도하지 못하거나 공존하는 세상이다. 악의 공격에 대비한 방패나 채석이 필요 없는 완벽한 세상은 '완전한 세상의 매개' 사인 아브락사스를 통해서만 접근 가능하다.

기독교의 세상은 아브락사스가 지키는 세상과 닮아있다. 교리의 유사성에 주목하여 이 종교가 어떤 형태로든 기독교에 영향을 주었을 것이라는 주장도 있다. 기독교에서도 선이 악을 압도하지 못하는 현실을 인정하기는 하지만, 악을 공존의 대상으로 인정하지는 않는다.

기독교가 이상적인 가치를 제시하면서, 현실에 엄존하는 어두움에 대한 설명이 부족한 것은 선과 악이 공존하는 세상을 이해하는 데에 어려움을 느끼게 한다. 악을 선과 대립하는, 쓰러트려야 하는 대상으로만 해석하기 때문이다.

현실 세계에서 존재할 수밖에 없는 악을 공존의 대상으로 인정하지 않는 세상은 언제나 불안할 수밖에 없다. 세계 곳곳에서 해결되지 않는 종교나 종파 갈등의 근원은 자신들의 이해와 충돌하는 종교를 악의 세력으로 몰아가는 정신적 한계에서 유래한다. 그들의 주장대로 상대편이 악이라면, 둘 다 선이 아니라는 것을 스스로 인정하는 것이 된다.

만약 그들이 선과 악의 공존을 자연스런 것으로 받아들인다면, 지난 세기말, 발칸반도에서 끔찍한 비극도 벌어지지 않았을 것이다. 세상 사람들을 구원하겠다고 나선 사람들이 다른 종교나 종파를 증오하거나 배척해서는 안된다고 생각한다. 그들의 종교적 신념이 그것 없이도 선하게 살아갈 사람들까지 비극의 구렁텅이로 몰아가거나 세상을 어지럽혀서는 안 된다.

융은 프로이트를 잇는 정신분석학자지만, 프로이트와는 인간의 정신 현상에 대한 입장에서 조금 결이 다른 입장에 서있다. 리비도(태생적으로 갖고 있는 인간의 성충동)로 정신 현상을 설명한 프로이트와 달리, 인간 심리의 깊은 곳에는 개인적인 경험뿐만 아니라 오랜 집단생활에 의해 침전된 '집단무의식'이 있다고 주장한다.

몇 종류의 집단무의식 중에 '그림자(shadow)'로 표현되는 것이 있는데, 이것은 인간의 가장 강력하고 잠재적 본성으로, 어둡거나 사악한 측면을 나타내는 사고의 원형을 가리킨다. 원형(prototype)은 오랜 역사적 경험 속에서 전형화되어 계승된 것이다.

예를 들면 한국인은 현모양처의 전형으로 신사임당을 자연스럽게 떠올리는데 이때 신사임당이 한국인의 어머니상에 대한 원형이 된다. 이와 같이 원형은 하나의 상징으로 나타난다. '그림자' 외에도 융은 인간이 본질적으로 양성兩性을 가진 존재라고 주장한다.

그는 남성의 내부에 있는 여성성(eros)을 아니마(anima)라고 하였고, 여성의 내부에 있는 남성성, 즉 이성(logos)을 아니무스(animus)라고 하였다. 그는 한 개인이 성숙한 인간이 되려면 내면에서 다른 성의 원형과 조화가 이루어져야 한다고 주장한다. 그의 생각은 서로 다른 것들의 공존에 바탕한다.

주역에 '일음일양지위도一陰一陽之謂道'란 구절이 있다. 그곳에는 '하나의 음과 하나의 양을 일컬어 道라 한다'는 설명에 이어서 '서로 다른 특성의 양대 세력이 합쳐 하나의 조화를 일으킨다'는 구절도 있다. 음과 양이 겪는 대립과 화해가 조화를 이룰 때에 천지의 이치를 가장 현실적으로 체득한다고 설명한다. 道나 陰陽의 조화가 동일한 것을 다르게 이르고 있음은 말할 것도 없다.

융이 말하는 '내면에서의 다른 성의 원형과의 조화'는 음양의 조화와 다른 말이 아니다. 고대 동아시아인들의 사상이 현대 서양 정신분석학자에 의하여 재현되는 모습을 볼 수 있다는 건 큰 흥미를 일으킨다.

융이 음양오행의 영향을 받았는지를 단정하기는 어렵다. 하지만 음양오행의 틀은 융이 나타나기 2,500여 년 전 이전에 이미 형성된 것으로 그 개연성을 부정하기는 어렵다. 엄청난 시간차를 두고 두 지역에서 동일한 생각이 반복되는 주장이 있을 수 있는 세계라면, 그 긴 시간을 거치면서 정신의 세계가 얼마나 발전된 것인지를 따지는 것은 의미가 없다.

하긴 정신은 궁극적으로 도달해야 할 경지이지 물질과 같은 성장의 대상이 아니라는 주장도 있다. 청동기에서 철제로 농기구가 바뀌어가던 춘추전국시대에 살던 사람들이 공감하였던 사상에 아이폰을 만지작거리는 사람들이 열광하고 있는 모습은 두 시점 사람들의 정신능력에 큰 차이가 없다는 것을 의미한다.

동·서양인의 인문人文이 달라지게 된 근본 원인이 어디에서 유래하는 것일까 생각해 보곤 한다. 마르크스가 공자의 나라를 점령하고, 프랑스인이 한글을 배우는 세상에서 동서양을 구분하는 것이 무의미한 일일 수도 있다.

그러나 두 지역에서 역사가 발전해 온 모습을 비교하면 묘하게 대비되는 구석이 있다. 로마가 분열하여 다양한 문화를 발진시켜 온 유럽과 달리, 동아시아에서는 漢제국에 의해 통합된 중국 문명이 주변 문명을 흡수하면서 압도적인 지위를 구축해 왔다.

인류 역사를 바꾼 3대 발명품―화약, 나침반, 인쇄술―이 모두 중국에서 나왔지만, 그것을 활용하여 역사의 주역으로 나선 이들은 서구인들이었다. 지금으로서는 인류 역사의 주인공이 과학과 기술, 제도를 정밀하게 구축한 서구인들로 보여지지만, 아직 정리가 되지 못한 정신문명을 말하자면 어느 지역이 우세하다고 속단하기가 이른 시점이다.

물질의 발전을 따라잡지 못하는 정신의 진보 속도는 느리다 못해 거의 정체해 있는 수준이다. 표현하는 방법이 달라졌을 뿐이지 내용상으로는 수천년 전과 비교해서 큰 진전이 있는 것으로 보이지 않기 때문이다. 2,000년 전의 종교나 사상이 현대인들에게도 여전히 큰 영향력을 지니고 있다는 것은 적어도 정신의 세계에서 인류가 이룩한 진보가 크지 않다는 반증이라고도 할 수 있다.

종교 갈등, 성차별과 달리 기후 위기나 핵, 빈부격차 문제는 모두 물질의 문제로 파악되고 있지만, 사실 위기를 초래한 근본 생각은 정신의 영역에 속한다. 이 시대에 정신과 물질의 선후를 가리고야 말겠다는 생각은 막다른 골목에 이른 인류에겐 부질없는 것으로 보인다.

최근 학문 간 융합이나 통섭의 문제가 이슈가 된 배경에는 세계가 마주한 절박한 문제들이 단순한 과학과 기술로써 또는 단지 철학하는 방법만을 개선하거나 변경해서는 해결되지 않는다는 현실 때문이다.

이 문제들을 해결하는 방법을 찾기 위해서는 과학 기술적 측면과 함께 인간의 정신적 한계에서 접근하는 방법도 있다고 생각한다. 직면한 문제의 뿌리가 정신에 뿌리를 두고 있기 때문이다. 어쩌면 이 방법이 훨씬 바람직한 해결책을 빨리 찾을 수 있는 지름길일 수 있다. 현상 세계는 언제나 우리의 정신을 반영하고 있을 뿐이다.

시

장동수 _ 명예고문

자연의 황홀함이여 외 2편

붉은 저녁노을을 보면
왠지 모르게 황홀하지요

망망한 바다를 보면
두려우면서도 황홀하네요

밤하늘에 총총한 별들을 보면
숙연하면서도 황홀하지요

황홀한 순간은
인간의 모든 것으로부터 벗어날 때이지요

욕망의 세계를 떠나
자연 앞에 알몸으로 서 있는 것 같은 순간은
얼마나 자유롭고 황홀한가요

눈 속에 피어난 매화꽃을 보며

눈 속에 수줍게 피어난 매화꽃이여
그 속에 은은한 향기 가득 품고 있네

눈 속에서 아름다움을 뽐으며
희망을 속삭이는구나

차가운 바람 속에도
그 여린 꽃잎은 떨지 않고
맑은 향기를 살며시 뿜어내며
세상을 향해 미소를 짓는구나

눈 속에서 피어난 매화여
세상의 고통과 시련을 이겨낸 자랑스런 모습이여

어려움을 이겨내는 매화의 용기와 인내처럼
우리도 삶의 어려움을 딛고 일어나기를

매화꽃이 속삭인다
삶의 고난과 역경 속에도
희망과 용기를 가지고
매화처럼 아름답게 피어나라고

갈매기의 꿈

고요한 새벽 바다 위
하얀 날개를 접은 갈매기 한 마리

잠든 파도를 바라보며
먼 하늘을 그려 본다

누구도 닿지 못한 저 너머
별과 구름 사이를 날고 싶다고

날개는 바람에 젖고
심장은 물빛 고요에 흔들려도
꿈은 높고 밝은 곳에 있다

바람이 불면 난다
비가 오면 젖는다

그러나 멈추지 않는다
그것이 갈매기의 꿈이기에

오늘도 날개를 펼친다
끝없는 수평선 위로
자유라는 이름의 꿈을 이루기 위해

인간도 갈매기의 꿈과 같이
더 높게 더 밝게 살아가기를

시

정용채 _부회장

포토갤러리 외 2편

사진기가 풍경을 잘라 왔다
잘린 풍경 속 너머
아직 남아 있는 풍경을 생각하다가
문득 잘려 나온 그 자리의 안부가 궁금해진다
남은 풍경은 떠난 그 나무 그 꽃 그 산을
그리워하고 그리워하다 다시 무성해지고 채워지고 그럴까
아니면 그리움에 지쳐 사그러들까
시들지 않는 꽃과 자라지 않는 나무가
벽에 매달려 무심하게 경을 욀 때
느닷없이 낯선 풍경을 떠안고는
더 하얗게 질려 있는 벽
풍경 옆으로 끌려온
저 남자,
이제 집으로 갈 수 없겠지
애타게 기다리는 가족은 언제쯤
사진틀에 갇혀 있는 그를 집으로 데려갈 수 있으려나
기다림에 지친 남자와 호랑이가

도리 없이 다시 하나의 풍경이 되어 살아가겠지
무기 아닌 무기로 세상을 도려내고
살을 저민 이들의 이름이 빛나게 나열되어 있다
꽃의 허락 없이 산의 동의 없이 호랑이의 서명 없이
그들을 약탈해 온 저들을 고발한다.

헤아릴 날

제 것인데, 제 것임에도
한 번도 세어볼 생각을 못 했습니다
젊은 날엔 세워 둘 가치를 미처 몰라
마음에 두지 않았고
바쁜 날엔 차마 세어볼 엄두가 안 나 외면했드랬습니다
지금에야, 기껏해야 한 줌밖에 안 되는 것
한나절도 안돼 몇 번인들 셀 수 있어
작심하고 마주 앉았습니다
밤마다 베갯머리에 우수수 떨어지는
하질것 없는 것
그까짓 것 못 셀 나이도 아닌 까닭에,
이쪽 세고 저쪽 셀 때면
자꾸 세어놓은 수를 잊는 통에
몽땅 밀어 희고 흰 종이 위에 놓고
하나둘 세어볼 참에
자꾸 눈물이 나 제대로 헤아리지 못하는 게
어디 침침한 노안 때문이겠습니까
헤아릴 수 없는 게 어디 제 머리카락뿐이겠습니까
끝내 세어보지 못하는 것들을
이고 지고 살아서 그런 것을.

봐도 보이지 않는 것들을 본다

그녀가 밤마다 웁니다
왜 우냐고 물었습니다
그녀가 콧물을 단숨에 들이마시며 말했습니다
ㅡ베갯잇이 자꾸 찔러대
그녀가 다음 날 베갯잇을 벗기기에
아, 이제 찔러대는 베갯잇을 버리려나 싶었습니다
세탁기에 넣고 말끔히 빨더니
건조기에 넣고 뽀송뽀송하게 말렸습니다
그녀는 이제 더는 울지 않을 것입니다
다음날도 그녀는 여전히 울어댔습니다
나는 신경질적으로 왜 또 우냐며 소리쳤습니다
그녀가 물기 가득한 눈을 치켜뜨고 또박또박 말했습니다
ㅡ베갯잇이 너무 부드러워 그냥 눈물이 나는 걸 어떡해!

시

심우둔 _ 부회장

별밤 되살리기 외 1편

흑 비단 폭 까만 하늘
수정처럼 반짝이던
별밤을 바라본 게 언제였던가
나이 무게가 느껴지면서
하나씩 잃은 것들이 그리워진다

코흘리개 초등학교 시절
늦과외라도 끝난 밤이면
칠흑같이 깜깜한 십리 귀갓길을
동화 속 등불처럼
어슴푸레 밝혀주던 별들의 향연

아빠 따라 먼 나라 떠난
큰 손자 덕에
언젠가부터 송두리째 잃었던
가슴 속 그리움을
기적처럼 되찾았듯

첩첩산중에 묻혀볼까
외진 바닷가로 숨어볼까
아무래도 부질없는 한낱 땡질
차라리 두 눈 감고
어릴 적 기억 불러
마음속 별밤 놀이나 즐겨야지!

잠옷 예찬

훌훌
정장을 벗어던지고
잠옷으로 갈아입는다

헐렁해서 좋다
가벼워서 좋다
편해서 더 좋다

보는 사람이 없어서 좋다
내보일 사람이 없어서 좋다
눈치 볼 일이 없어서 더 좋다

잠옷처럼 헐렁한 삶은 없을까
잠옷 입듯 편안하게 살면 어떨까
잠옷 입듯 내 맘대로 살아보면 안 될까

시

박경희 _ 부회장

느티나무 외 2편

나무는 그 자리에서
백 년을 바라보고

나뭇잎은 부스러져
흙 속에서 자양분이 된다

나무에 기대어
오지 않는 시간을
꿈꾸어 본다

묵은 김치

햇배추잎 보며
새로운 맛에 길들여지기 전
묵은지가 생각난다

오래 묵혀두었던 통에서
김치를 꺼낸다
냄새가 강렬하게 코를 찌르지만
곧 익숙해지는 깊은 맛이다

겨울엔 새로운 내년을 위하여
먼저 묵혀두었던
묵은지야말로 겨울 맛이다

또 한 번의 묵은지를
꺼내며 겨울을 보낸다

여름 장마

지루한 장마가
여름을 다 보내려는 듯
뜨거운 햇빛마저
가리개로 막고 비가 내렸다

끈적거리는 살갗은
쾌적함이 사라지고

쏟아지는 빗줄기에
흙탕물이 도랑을 친다

그래도 비켜 갈 수 없는
사연인 듯
빗줄기는 더욱 거세지고
여름을 흔들어댄다

시

전영길 _ 부회장

상사화 연가 외 2편

당신을 향해 피웠건만
서로의 사랑은 엇갈려
꽃은 잎을 보지 못하고
잎은 꽃을 기억하지 못한다

사랑은 만나는 것이 아니라
그리워하는 것일까

당신을 향해 붉게 타오르고
영원히 상사화로 피어
당신을 부르나니
그 그리움이 사랑이라면
나는 기꺼이 당신 꽃으로 남으리라

가을이다

하늘 보니 가을이다
나를 보니 가을이다

한 소쿠리 추억 담고
그리움 물든 가을이다

붙잡지 못하고
애만 타는 가을이다

서울역에서

만남과 이별이 엇갈리는
수많은 사연의 출발과 종착역
돌아오는 사람도 떠나는 사람도
말이 없었습니다

기차는 오고 가는데
희미하게 다가오는 남산타워를 바라만 볼 뿐

난생처음 서울에 와서 발길이 멈춘 곳이
서울역 시계탑 아래였습니다
비둘기가 날고 있었고
하늘엔 구름보다 파란 희망이 고개를 들고 있었고
젊은 날의 꿈이 싹트고 있었습니다

서울이 그저 신기했습니다
가고 싶은 곳도
보고 싶은 곳도 많았습니다

시

최천숙 _ 부회장

무궁화 외 2편

해 뜨는 동쪽 나라
삼천리금수강산에
만발한 무궁화

반만년 역사의
무궁화 나라에는
고결한 군자의 풍모가 있고

매일매일 새벽에
새로 피고 지고
수많은 꽃을 피워낸다

백단심, 홍단심, 청단심
화려하게 피어
일편단심 무궁화여―

무궁無窮하라.

비 온 뒤

밤사이 내린 비
베란다 난간에 맺힌
물방울

밝은 해가 비추니
수정처럼 빛나다
떨어졌다

짹짹 새소리
대추나무 가지에서
몸을 터는 참새

쑥쑥 솟아오른
망초望草가
은발의 그리움을 피운다.

별뉘

아침에 눈을 뜨면
제일 먼저
하늘에서 해를 찾는다

바람 불어 흔들리는
녹음 사이로 살며시
들어온 햇볕

물들지 않은 나뭇잎 틈으로
별빛이 들어와
은하수 되어 흐른다

찬란한 햇살
무지개 서리고
순간에 지나가는 별뉘

지금, 이때
하루도 길다
오늘이 완전한 날.

시

윤수아 _ 이사

잿빛 저주 외 2편

국지성 지형을 타고 번진
산불의 마력은 실로 악랄하구나

이 산에서 저 산으로
이 마을에서 저 마을로
바람과 경주라도 하려는 듯
번져 가는 불꽃의 질주

이제 막 꽃망울 터지려던 산야를
할퀴며 할퀴며 무섭게 번져가는구나

생성의 몸부림으로 혹한을 견디고
이제 막 날개가 돋아나려 기지개를 켜던 나무들
찢어지고 부서지는 건 그래도 견딜 만했지

화마의 날선 공격에
까맣게 타들어 가는 몸뚱어리

도저히 숨을 쉴 수 없을 때
살아가는 의미가 되어주던 숲
삶의 자양분이 되어주던
푸른 숲이여

이제 어디서 숨을 쉬고 살거나.

동백꽃

순백의 겨울 눈꽃이
바람 타고 낙하하는 순간
가장 황홀한 봄을 피워낸다

야무지게 단단한 가지 끝에
새빨간 입술을 숨기고
겹겹이 잎을 감싼 꽃잎이
기지개를 켠다

아?!

세상길 걷다 보면

온 힘을 다해 타올랐던 단풍
이제는 마른 잎새 되어
발밑에 뒹구네

저 단풍이 붉어지려면
몸부림 몇 번, 수없는 피돌기
신열은 또 얼마나 오르내렸을까

삶의 고운 빛깔이
바람과 시간의 조화로
탄생한다는 것을……

세상 길 걷다
우연히 만나는 물생들에게
질문을 던져보고 싶다.

시

이정희 _ 이사

겨울 호수 외 2편

태양이 쏟아지는 날
깊은 속을 모두 내어주더니
산과 들이 나신이 되자
스스로 입을 다물어 버렸다

강태공도 없는데
물새들도 모두 가버리고
뽀오얀 먼지를 뒤집어쓰고
그리움에도 눈물 한 방울 없이
독한 마음으로 겨울을 버틴다

봄 아가씨 살랑거림에
은빛 비늘을 털어 기지개를 켜고
물안개를 피워내며
새로운 유혹을 시작한다.

독백

별이라도 잡고 싶은 마음에
낮술이라도 마시고 싶은 날입니다
불안한 마음이 좀먹어 들어
모든 걸 망각해 버리고 싶은 심정입니다
폐쇄적인 인생이 되지 않으려고
자신에게 충실한 하루하루를 가지려고 애를 쓰지만
컨트롤 못하는 불충분한 인내
절실한 뉘우침과 깨우침이 아쉬운 날입니다
마음속에 걷잡을 수 없는 근심과 고민들을 씻어 버리고
깨끗한 겨울의 눈과 같이 하이얀 마음으로
내일을 맞고 싶어지는 날입니다.

사각의 안과 밖

세상 여백이 지워지기 전
불빛이 하나 둘 자리를 잡는다
허공에 자수처럼 현란한 무늬를
아로새기고 있는 것 같은 착각
사각의 세상 안에서 보면
날마다 풍경이 다르고
때론 강렬하게 느껴진다

빈틈없이 어둠이 들어차면
사각 밖엔 또 다른 세계가 펼쳐진다

순간 십오 층인 것을 잊어버린다
마른 발자국 소리를 내며
누군가 다가올 것 같아 목을 빼어본다

사각의 세상으로 햇살이 비춰 들어
눈꺼풀을 연신 찔러 눈을 뜨면
사각의 밖으로 붉은 기운 감돌아
내다보면 붉은 기운은
흔적 없이 사라져 버리고
사각 안엔 햇살 머금은 초록만 가득하다
그곳에 난 또 다른 희망을 파종해 본다.

시

최전엽 _ 이사

면장面墻 외 2편

어데선가 부음이 날아와서
나를 헤아려 보라 하네

폭풍 우레에 흔들리는 웅덩이에
송충이도 안 먹는 상한 갈대
가물가물 등잔불도
꺾지 않고 심지 돋우시는 님

버려진 섬돌 모퉁이 주추 되기 기다리며
가나을 마당 가득 널어놓고
밥이 하늘이라 우러렀던 시절
하릴없이 밥만 축낸다 지청구일 때

공중 나는 새떼를 보라
덤부렁이 들풀 꽃을 보아라
뿌리고 거두시는 큰 손 있나니
이냥저냥 지나가는 메아리 아닐진대

기이하고 놀라운 음성 붙잡고
해 질 때까지 열어보고 내다봐도
가늠줄도 잡지 못한 님의 묵시
여직 모르는 나는 면장이라.

*面墻: 무식함을 비유하는 말

老姑草*

나즈막한 양지언덕 덤불 속에서
융포단 사포 가리고
솜털 보송보송 속기俗氣 없는 새각시
내 건너 아랫마을 그렁그렁 내려다보네

왠지 짠한 생각 다시 가보네
한 열흘 그의 청춘 간데없고
백발성성 산발 어인 백두옹?
고개 빳빳 힐끔 노려보고 서 있네

하루를 십 년 폭 살았다던가
태어났으면 늙어야 하고
종심從心**에 이르면 떠날 때를 알아야
검불 속에 어른 하나 있네.

* 老姑草: 할미꽃
** 종심: 70세

옛생각 · 4
– 담쟁이 돌담

동살잡이 어뚝새벽
이슬 물고 몰래 피었다가
아침 햇살에 화들짝 오므려버리는
살갗 여린 담쟁이 하얀 꽃 돌담에 스러진다

여름엔 더우려니 곰살갑던 누이들
잎줄기 따다 눈까풀에 끼워 뒤집고
도깨비다!! 아앙~~
짓궂은 꾸러기 오빠들

사립은 있든 없든 이웃은 한 뜸
울 없는 띠앗 사랑
지나는 객이라도 어서 들어오오
숟가락 하나 더 얹었던 곳

수필

이동민 _ 이사

쇤베르크의 음악을 들으며 외1편

아르놀트 쇤베르크(Arnold Schonberg)라는 이름은 고등학교 1학년 때였던 1996년부터 접해 왔다. 그해 가을부터 매달 서점에서 사 읽기 시작했던 월간지 『클래식 피플』(1997년 IMF 금융위기 때 폐간)을 통해서였다. 잡지를 통해 나는 쇤베르크가 안톤 베베른(Anton Webern), 알반 베르크(Alban Berg)와 더불어 20세기 모더니즘 음악, 이른바 '현대음악' 또는 '전위음악'을 대표하는 작곡가임을 알 수 있었다.

하지만 나는 오랫동안 쇤베르크를 제대로 들어 본 적이 없었다. 굉장히 난해할 거라는 선입견도 있었고, 음반 판매상에서도 그나 베베른, 베르크의 CD는 눈 씻고 찾아봐도 구할 수 없다시피 했다. 20대 후반쯤에 2~3년 동안 올리비에 메시앙(Olivier Messiaen)과 윤이상의 음반을 사 모으며 그들의 음악 세계에 빠져들려고 시도하다 포기한 일을 겪으며, 쇤베르크와의 거리도 그만큼 멀어질 수밖에 없었다. 메시앙, 윤이상의 음악도 그처럼 난해한데, 쇤베르크 음악은 오죽하겠냐는 생각이 들었기 때문이다.

클래식 음악에 대한 남다른 애호와는 별개로 관심 밖에 있던 작곡가였던 쇤베르크라는 이름은, 20세기 음악사를 다룬 지휘자 존 마우체리의 저서 《전쟁과

음악》(에포크, 2025)을 읽으면서였다.

이 책에서 쇤베르크가 20세기 이후의 이른바 '전위음악' 뿐만 아니라 여러 대중음악에까지 영향력을 미친 인물이었음을 알게 되면서, 그의 음악을 한 번 들어 보고 싶다는 호기심이 들기 시작했다. 그 덕분에 나는 쇤베르크라는 이름을 접한 지 장장 30년 가까이 만에 그의 음악을 듣기 시작할 수 있었다. 음악을 들으려면 음반을 사거나 누군가로부터 빌려야 했던 고등학생 시절과 달리 인터넷을 통해 손쉽게 다양한 음악을 들을 수 있는 시절이 되었는데도, 쇤베르크라는 대작곡가의 음악을 들을 생각은 그의 업적과 위상을 다룬 책을 읽고서야 할 수 있었던 셈이다.

유튜브를 통해 처음 들은 쇤베르크의 작품은, 그의 최고 걸작이라 평가받는 〈달에 홀린 피에로〉였다. 즐겨 듣는 작곡가들과는 사뭇 다른 분위기여서 뭔가 생경하기는 했지만, 선입견과는 달리 관심을 두고 들으니 얼마든지 즐겁게 들을 수 있는 곡이었다.

'전위음악'은 난해하다는 선입견, 그리고 메시앙과 윤이상 음악을 들으며 느꼈던 '벽' 과도 같았던 난해함과는 언뜻 들어도 결이 매우 달랐다. 두어 번 들어 보니 쇤베르크 음악이 난해하다는 선입견은 완전히 깨졌고, 자주 들어야겠다는 생각까지 갖게 되었다. 이어서 들은 제2차 세계대전의 비극을 다룬 작품 〈바르샤바의 생존자〉 역시, 상당한 감동과 울림을 주었다.

이튿날 볼일이 있어 한 시간가량 운전할 일이 생겼다. 휴대전화의 음악 앱을 통해서 쇤베르크의 피아노 협주곡을 찾아 들었다. 난해하거나 이해하기 어렵기는커녕, 협주곡을 들으며 운전을 잘했다. 음악사를 다룬 책 덕분에, 자칫 영원히 알지 못했을지도 모를 대작곡가의 음악 세계를 제대로 이해할 수 있었다.

그러고 보면 윤이상, 메시앙의 음악을 듣다 난해함의 '벽' 에 부딪혔던 게 20년이 되어 간다. 하루는 쇤베르크 음악을 듣고 생긴 '용기'로 메시앙의 〈튀랑갈릴라 교향곡〉을 아주 오랫만에 들어 보니, 오래 전 들었을 때보다는 확실히 편하게 들린다. 시간이 많이 지났고 그동안 경험이나 생각에도 많은 변화가 있었을 테니, 윤이상과 메시앙의 음악을 다시 들으면 어떤 느낌이 들까 싶기도 하다.

16년 만에 다시 연주하는 클라리넷

2025년 8월의 어느 날이었다. 이날 나는 대구시향의 클라리넷 수석 김차웅 선생님과 함께, 내가 가장 애정하는 장소인 대구의 민들레창고를 찾았다.*

민들레창고에는 민들레창고 사장님, 김차웅 선생님과 지인인 듯한 다른 손님 두어 분도 와 계셨다.

그중 한 분이 클라리넷을 배우고 있는지, 술잔이 여러 번 돌고 나니 클라리넷을 꺼내어 불기 시작한다. 그러더니 김차웅 선생님께 본인의 솜씨가 괜찮은지 자문한다. 얼핏 들어 보니 김차웅 선생님으로부터 레슨을 받는 듯도 싶은 눈치다.

사실 내가 김차웅 선생님, 민들레창고와 연을 맺었던 계기는, 대학 시절 내내 나와 함께했던 클라리넷 덕분이었다. 그때 나는 학교의 관현악 동아리 활동에 열중했었고, 학교에서 대구시향, 시립국악단 등의 단원으로부터 비교적 저렴한 비용으로 악기 레슨을 받을 수 있는 프로그램을 운영한 덕분에 레슨 또한 잘 받을 수 있었다.

김차웅 선생님은 대학 시절 악기 레슨 선생님은 아니었지만 동아리 선·후배들에게 레슨을 해 주셨고, 그 덕분에 인연을 맺을 수 있었던 선생님과는 물론 선생님 덕분에 단골이 된 민들레창고 사장님과도 계속해서 좋은 관계를 맺어 오고 있다. 아울러 대학 시절에는 교사 신분이었던 졸업생 선배들을 따라 그 무렵 결성되기 시작하던 초등교원합주단에도 참여하며, 무대에도 여러 번 올라갔었다.

김차웅 선생님, 민들레창고 사장님과 오랫동안 연락을 하고 꾸준하게 만남을 가져오고 있는 것과는 별개로, 서른 살 무렵 박사과정 진학을 위해 서울로 올라가면서 악기연주의 맥은 끊어지고 말았다.

---
*민들레창고와 김차웅 선생님에 관한 이야기는 내 수필집인 《서해에서》(지구문학, 2021)에 실린 작품 〈민들레창고〉에 잘 나와 있다.

지금도 초등교원합주단 활동을 하는 동아리 선·후배들과는 '단톡방'을 통해 안부를 주고받기는 하지만, 바쁘다는 핑계인지 정말로 바빠서인지는 모르겠지만 악기연주를 계속할 엄두는 내지 못했다. 고향의 부모님 댁에 맡겨둔 뷔페 E11 클라리넷은 십수 년이 넘도록 손도 대지 않았고, 클라리넷 연주하는 방법은 완전히 망각했다고 여겼다.

민들레창고에서 아주 오랜만에 다른 손님의 클라리넷을 본 내 가슴 속에는, 15년 전부터 완전히 손을 놓고 있던 클라리넷을 다시 불고 싶다는 열망이 맴돌았다.

그토록 오랫동안 악기 연습을 안 했는데 소리가 나기나 할까 싶기도 했고, 클라리넷 연습과 연주에 매진했던 20대 시절의 추억도 되살아났다. 악기 주인분께 양해를 구하고, 마우스피스를 문 뒤 클라리넷에 숨을 불어넣고 키를 움직였다.

세상에! 나도 놀랄 정도로 소리가 잘 났다. 물론 정말로 훌륭하게 연주했다고는 농담으로라도 하기 어렵겠지만, 16년 동안 악기에 손도 입도 대지 않은 내가 이런 소리를 내리라고는 상상도 하지 못했다.

옆에 앉은 김차웅 선생님도 16년 만에 연주하는 클라리넷 소리라고는 믿기지 않을 정도로 훌륭하니, 악기 연습과 연주를 다시 시작해 보라며 격려하신다.

그로부터 2~3일 뒤 나는 부모님께 전화를 드려, 클라리넷이 잘 보관되어 있느냐고 여쭈었다. 다행히 두 분도 내가 대학 시절 내내 분신처럼 여겼던 악기를 잘 기억하고 계셨고, 택배로 악기를 보내주셨.

오랫동안 방치한 목관악기는 자칫 몸체가 금이 가거나 뒤틀리기 쉽고 그래서는 악기를 버려야 하기에 걱정하고 가방을 열어 보니, 가방 내부가 좀 지저분해졌고 키가 뒤틀리기는 했지만 몸체는 멀쩡해 보인다.

가슴을 쓸어내리고 악기점에 가서 수리를 맡기니, 악기 보존 상태가 매우 훌륭하다며 수리를 잘했으니 새 악기처럼 되었다고 흐뭇해 하신다.

내친김에 악기점 사장님으로부터 소개받은 레슨 선생님으로부터 레슨도 시작했다. 레슨 선생님은 기초가 잘 잡혀 있으니, 꾸준히 연습하면 굉장히 빠른 속도로 실력이 향상될 듯하다며 연신 칭찬하신다.

악기 보관을 아주 잘했다며, 뷔페 E11이 아주 잘 만든 모델인데 좋은 악기를 잘 관리했다는 칭찬까지 이어진다. 내친김에 대학생 시절 들고 다니던 연주곡집 속 연주곡 몇 곡을 연주해 봤다.

대학생 때는 분명 자유롭게 연주했던 기억이 나는데, 지금 다시 연주하려니 아직은 무리다. 16년 만에 다시 악기를 연주하니 그럴 수밖에. 레슨 선생님의 칭찬은 꾸준히 연습하라는 격려이기도 하니, 꾸준히 연습해 가야 할 일이다.

그러고 보니 오래 전의 클라리넷 취미를 추억 속에만 묻어두는 대신 16년 만에 되살릴 계기를 마련해 주신 민들레창고 사장님과 김차웅 선생님, 악기를 결과적으로 잘 보관해 주신 부모님, 악기를 훌륭하게 수리해 주신 악기점 사장님과 잊어버린 연주 실력을 되살려 주고 계신 레슨 선생님께 감사의 인사를 전해야 할 듯싶다.

아울러 조만간 진주의 무대에도 올라가 볼까 하는 생각도 든다.

시

조재완 _ 이사

고향 집 감나무 외 2편

고향 집 모퉁이에 감나무 하나
그 옛날 그 자리에 아직도 서 있다

늙고 야윈 채
붉은 감 몇 개 손주처럼 달고 있다

반세기 지나
지금은 가고 없는 옛집, 옛사람, 옛날들

감나무 아래 서니
그 옛날의 이야기
동화처럼 들려주고 있다

*2017년 10월 29일, 뜻밖에 아직도 살아 있는 고향집 감나무를 보고

동백꽃

툭!
동백꽃 진다

푸른 잎새 사이로
붉디붉게
아름답고 요염하게
피어나는가 싶더니
이내 진다

저 붉은 꽃잎 하나 피우려
얼마나 오랜 세월을
얼마나 모진 비바람을
참고 견뎠으랴

만,
무슨 즐거움이나 괴로움이나
무슨 아쉬움이나 미련이나
그런 것 모른다는 듯이
그런 것 잊었다는 듯이
마치 손바닥 뒤집듯이

동백꽃 따라
떠난 사람아

*2017년 1월 25일, 갑자기 세상 떠난
처 외숙모 영안실에서

억새

가냘프구나
작은 바람에도 금방
쓰러질 것 같구나
가늘고 여려 보여
지나는 바람마다 희롱하고 가는구나

하지만 놀랍구나
다섯 자 여섯 자로 키 키우고
여럿이 모여모여 큰 덩치 이루어서
거센 바람에도 꺾이는 일 없구나
비바람에 맞서느라 머리까지 세어가며
굳건히 뿌리내려 대대손손 이었구나
억세고 억세게도 살아내고 있구나

억새, 너에게서
내 조국을 보는구나
억만 년을 이어 온
억만 년을 이어 갈

*2023.11.2. 영월 고씨굴 앞 억새밭에서

시

조마리아 _이사

무명 순교자 외 2편

어찌 이리 깊은 산속에서
눈으로 보이지도 않는 그분께
목숨을 걸었습니까?
이름 없는 들꽃과 풀뿌리만 있는
첩첩산중에 은둔하시며
소망의 눈을 들어
하늘에만 뜻을 두실 수가 있었습니까?!

백골은 깊은 산 한 줌의 흙이 되었지만.
믿음만은 민들레 홀씨 되어 천지에 흩어져
핏빛 꽃으로 모양 다르게 피어났습니다.

통공의 은혜 길을 걸어
피로 물든 은총의 길을 걸어갑니다

순교의 거름으로
열매 맺는 순례길을 걸어서
하늘까지 다다르게 하소서.

동행

그리운 주마등 길을
연어가 물길을 거슬러 올라오듯
당신이 성큼히 걸어오고 있다.

가난한 행복의 꽃자리를 굽이굽이 돌아서
푸른 지느러미를 떨며
싱그러운 몸짓으로 오고 있다.

가슴 언저리에서는
추억의 모닥불이 타오르고
텅 빈 소멸의 자리가 푸릇푸릇 물들고 있다.

낮고 따뜻해진 당신의 숨소리에서
무르익은 세월의 단내가 난다.

사위

계란을 정성껏 저어서 만든 카스테라와
커피를 갈아 내려서 라떼를 만들어준 사위는
남의 자식이 내 자식이 되어
라떼 커피 위에 뜬 하트 모양처럼 정겹고 사랑스럽다.

따뜻하고 사랑 가득 담긴 목소리로
어머니! 하고 부를 때마다
가슴 뭉클한 감동이 스며와
나이 들어 식어가던 심장의 박동 소리가 커지며
입꼬리가 저절로 올라간다.

내 당찬 딸과 만나서 아름다운 어울림이 되어
세월 속에서 서로 닮아가고 있다.
두 사람의 그릇이 서로 달라도
일치된 하나의 마음으로 뭉쳐진 건
역시 소소한 것 같은 일상의 위대한 사랑 때문이었다.

사위가 만들어준 카페라떼 위에 뜬 하트가
돌아오는 KTX 열차 안에서
온몸으로 스며들어
감미로움이 자꾸만 미소로 번져 나온다.

시

신기윤 _ 이사

코스모스 꽃길 순정의 길 외 2편

가도 가도 코스모스 꽃길
순정이 피어나는 마음길
흙냄새 나는 강변길 지나 한강이 흐르고
가을 하늘엔 흰구름이 흐르고

아득히 펼쳐진 코스모스 대평원, 구리 한강공원
앞에도 옆에도 뒤에도 사방이 꽃바다
꽃무리속 사이길로 걸어도 걸어도 끝이 없네
꽃속에 파묻혀 걷는 신선길, 영광과 행복의 길

화려하지 않고 청초한 꽃얼굴들을 바라보면
번뇌도 근심도 씻겨 마음이 한없이 맑아지네
가녀리게 긴 목이 바람에 흔들리는
가냘픈 아름다움이 마음을 설레게 한다.

코스모스 순정이 가을바람에 일렁거린다.
이리 흔들리고 저리 흔들리고
그러나 쓰러지지 않고 다시 일어선다.
나도 코스모스와 함께 흔들리고 다시 일어선다.

보리피리 불며 가는 길

가자 가자 어서 가자
삐리리 삐리리 보리菩提피리 불며 가자
깜박깜박 꿈속에 헤매지 말고
참 생명피리, 생사生死피리, 보리菩提피리 불며

가자가자 저 언덕으로 이데아로 마음의 고향으로
한눈팔지 말고 망상을 조견照見으로 파사破邪하며
지금 여기! 한 발자국, 한발 한발 알아차리고
정성으로 가자, 함께 가자, 완전히 가자

찰나 찰나의 수행이 끊이지 않아 영원을 잇고
눈앞에 온통 부처님 덩어리, 일상一相의 대염단大念團
마음엔 순간 찰나라도 진여불성을 여의지 말고 염불화두 들자
전장의 영웅이여, 억념의 무기 보리피리 떨어뜨리지 말고

생사의 강, 고해의 강, 인고의 산, 피염疲厭의 산
지치지 말고 싫증 내지 말고 건너가자 넘어가자
허공계가 다하고 중생계가 다하더라도 대원력으로 대행원으로
진실불허 상락아정의 그 곳으로 보리피리 불며 가자

마승존자馬勝尊者처럼

평온과 적정寂定한 위의威儀를 갖추고
코끼리 왕이 걸어가듯 앞만 보고 당당히 가는 자여
여기저기 한눈 팔지 않고 눈앞을 잘 살피고 가는 자여
망상을 피우지 않고 법성의 정념을 여의지 않고 가는 자여
탁발하고 걸어가는 모습에 모두가 경탄하고 환희에 넘쳤네

부처님이 정각 후 녹야원을 찾아 처음으로 법을 전한
5비구중 한 사람인 마승존자, 곧 앗사지(Assaji) 비구여
그대는 마부로 일하다 출가하여 아라한이 되어있지
사나운 말을 제어하듯 여섯 감각기관을 잘 다스려
그렇게도 만인이 우러러 보는 위의威儀를 갖추었는가

걸을 때도 가슴을 펴고 다리는 바르게 쭉 뻗으며
팔을 적정히 흔들며 머리는 바로 세우고
앉아 있을 때는 등을 곧게 세우고 손발을 바르게 하며
뒤돌아볼 때도, 서 있을 때도, 밥을 먹을 때도
물을 마실 때도, 음식을 씹을 때도
말할 때도, 들을 때도, 침묵할 때도, 옷을 입고 벗을 때도
온전히 깨어 적정위의를 보이는 거룩한 존자여

욕심과 오염된 모든 것을 비우고 내려놓은
그 마음이 바깥 모습으로 나타나

다른 사람에게 마음의 평온과 기쁨을 주는 마승존자여
몇 겁이나 되는 속세의 끊임없는 수행의 결실이거니
그 이름, 그 모습만으로 세상을 밝게 하고 깨달음을 주네

사리불존자가 마승의 모습에 깊이 감화하여
스승이 누구냐고 물으니
'제 스승은 천상천하의 대도인 석가모니 부처님입니다'
그분은 무엇을 가르치고 그 핵심은 무엇입니까 물으니
'모든 존재는 인연 따라서 일어나고(제법종연생諸法從緣生)
인연 따라 멸하는도다(역종인연멸亦從因緣滅)'
이 법구를 듣고 사리불존자는 깨달음을 얻고
도반 목건련과 함께 250여 명의 제자를 이끌고
석가모니를 찾아 귀의하였다네

불상이나 탑을 조성할 때 부처님의 사리를 내용물로 넣는데
부처님 '생신사리生身舍利'가 없을 때는
부처님의 팔만사천법문을 압축시킨 이 법구를
'법신사리法身舍利'라 하여 대신 넣는다네
내 육신탑의 마음속에도 이 법구를 잊지 말고 넣어두세

우리도 마승존자처럼 당당한 모습으로 걸어가세
행주좌와에 정념을 여의지 말고 적정위의를 지키세
폭풍 같은 번뇌와 고난이 밀려오더라도
태산처럼 큰 바위처럼 흔들리지 않고
뚜벅뚜벅 가야 할 길을 여여하게 걸어가세

아무리 몸이 피곤하고 주저앉고 싶더라도
진리를, 아뇩다라삼먁삼보리를 등에 메고 가는 수행자처럼
사랑과 희망과 용기를 안고 진여불성의 힘으로
힘차게 두 다리를 뻗고 두 발로 땅을 디디세

무거운 고뇌도 환희의 기쁨도 가슴에 안고
게으름과 무기력을 버리고 부지런함과 열정을 일으켜
내 모습을 보는 이가 평온함과 생명에너지를 느끼게 하세
우리도 마승존자처럼 적정위의를 갖추고 여여하게 걸어가세

시

김동환 _이사

고궁古宮에서 외2편

영옥營獄이
해 달처럼 뜨고 지던
옛집 뜨락

까닭 없는 슬픔에 젖어
괴롭고 쓸쓸함이라

백관百官의 신하도
용안龍顏의 눈물 자국도
풍상에 스러진 자리

긴— 한숨 내뿜고 있노라니
내 안 아는지 모르는지

비둘기 한 쌍 구구대며
서로 사랑하고 있구나

성인봉聖人峯

어떻게든 찾아가리

하늘길
억겁 세월 쌓인 길
이별의 경계도 없는
절해고도에서
위엄으로 우뚝 서 있는 길

오늘 무작정 만나러 가는
속인俗人은 빈 마음이다
내 삶의 목적은
빈손으로만 되는 것이다

영산靈山은
운무에 갇혀 있고
성인聖人은
폭풍우 속에서
좌정한 채
인묵忍默하고 있구나

천리를 내다보는 듯
확고부동한 모습

무언無言이
나를 멈춘다

산사山寺에서

가사袈裟에 숨겨진
산山을 본다

피멍보다 진한
타다 남은 재 한 줌 움켜쥐고
예불禮佛하는 저 도道의 사람

저 가슴 속에는
구곡간장 넘어 온 산이 있으리

심중心中에
보리수 한 그루 심어
피안의 세계 찾아가는
고독한 길

열릴 때까지
두드리는 목어木魚소리
오오! 무엇을 찾는가

몸부림이다

수필

성정희 _ 이사

꿈결같이 지나간 효도 관광 외1편

아들 내외의 여행 제안으로 삼십여 년 만에 뉴욕과 워싱턴을 찾았다. 아들 내외와 우리 부부가 만나 뉴욕 여행을 마치고, 그들이 사는 워싱턴에서 한 달간 지내는 여정이다. 비행기 도착시간이 밤늦은 시각이어서, 아들 내외는 퇴근 후 서둘러 워싱턴에서 뉴욕 케네디 공항까지 승용차로 와서 기다렸다.

팔 일간 뉴욕에 머무는 동안, 아들 내외는 그들이 이전에 여행했던 곳 위주로 데리고 다녔다. 시부모 여행을 위해 며느리는 온전히 휴가를 냈고, 아들은 바쁜 일정으로 인해 뉴욕지사에 근무하기도 했다. 스마트워크로 장소에 구애 없이 제 할 일을 하면 되는 모양이다.

한정된 일정 속에 분주했던 뉴욕 여행을 마치고 워싱턴에 도착한 이튿날, 뉴욕이 폭우로 인해 지하철이 물에 잠기고, 거리에 차들이 물에 잠긴 뉴스를 보고는 적잖이 놀랐다. 뉴욕이 오래된 도시이니 지하철이 낙후되고 배수시설 또한 문제였겠지만, 다른 한편으로는 우리가 폭우 전에 여행을 잘 마쳤다는 안도감에서였다.

아들 내외는 일상으로 돌아와 평일 중에는 회사 일에 여념이 없었고 휴가로 인해 밀린 일들도 처리하느라 바빠 지내는 것 같았다. 하지만 뉴욕여행 중에도, 워싱턴에서의 주말에도 여지없이 부모에게 한 가지라도 더 보여주고, 회자되는 음식점을 데려가려고 애쓰는 자식들의 정성이 고맙고 안쓰럽기까지 했다.

우리 부부가 한 달간 지낸 곳은 아들이 사는 아파트 단지의 관리실에서 운영하는 게스트하우스이다. 아파트 한 채를 게스트하우스로 활용하며 모든 생활용품이 구비되어 있다. 이곳에서 자식들과는 별개로 일상생활을 하면서, 우리 부부는 하루 중에 워싱턴 D.C. 스미스소니언의 미술관, 박물관을 오가는 일상을 보냈다.

오후 네 시 전후에 메트로(Metro, 지하철)를 타면 퇴근하는 일반 직장인들을 만날 수 있다. 남성은 대개 긴팔의 단색남방과 긴 바지 차림이고, 여성 또한 긴 바지 차림에 상의는 자유롭게 입고 있었다. 영화에서 직장인을 보던 멋쟁이의 모습과는 사뭇 다른 평범한 차림이었고, 정장 차림의 멋쟁이는 어쩌다 한 번 볼 수 있었다. 하지만 거리에서 만나는 일반인들의 옷차림은 매우 노출이 심하고 자유분방하여 보기에 민망하기까지 했다.

그런 가운데에서도 남의 이목 따위는 개의치 않는 그들의 자유로움과 당당함이 부럽기도 했다. 또한 체질적인 거구가 많은 그들은 한국의 웬만한 거구와는 비교조차 할 수 없을 정도로 뚱뚱하고 컸다. 그래도 고급 쇼핑몰(타이슨 코너)에 가서 보니 거리에서 만나는 그들과는 달리 제대로 차려 입은 사람들이 꽤 많았다.

집에서 메트로 역이 오 분 거리에 있어 워싱턴 D.C.를 오가는 편리함이 있었다. 아들은 지금 사는 지역이 아빠의 유학 시절과 자신의 중학시절에 살던 동네여서 낯설지 않고, 인근에 직장이 있는 것이 인연이라고 말한 적이 있다. 그래서인지 나 또한 이곳이 낯설지 않았다.

이곳에서 지내는 동안이라도 퇴근하고 돌아온 아들 내외와 함께 저녁을 먹으려 준비하는 시간이 큰 즐거움이었다. 아들 내외 또한 아무리 바빠도 저녁 시간은 부모와 보내려 노력하는 마음이 가상했다. 아들은 게스트하우스에 오면 냉장고부터 열어 부족한 것을 자상히 챙겨 시장을 봐오고, 소꼬리와 갈비 넣고 직접 끓인 곰탕도 여러 번 가져왔다.

그는 다니며 쓰라고 신용카드를 줬지만, 사다 준 과일 등과 커피를 가지고 다녀서인지 딱히 카드를 쓸 일이 없었다. 하지만 그는 환율 생각하지 말고 맘 편히 쓰라며 걱정이 늘어졌다. 달러 강세로 고환율이기도 하지만 자식의 카드를 쉽게 사용하지 않는 것이 인지상정인가 보다.

한편 매일 출퇴근하듯 오간 워싱턴 D.C.의 스미스소니언은 세계 규모의 21개 미술관, 박물관과 9개의 연구소가 있다.

이들을 스미스소니언협회(Smithsonian Institution)가 '지식의 확산과 증진'을 위해 운영하고 있는데, 누구나 무료 이용이 가능하다. 따라서 미술관, 박물관 등에 전시된 세계적인 방대한 소장품과 연구소의 연구성과들은 교육과 문화, 과학 발전에 크게 기여하고 있다고 한다.

마침 칠월은 여름방학이라 전국에서, 세계에서 가족 단위의 방문객들과 다양한 학생 그룹들이 줄을 이어 스미스소니언을 찾기에 인근 거리는 알록달록 활기가 넘쳐났다.

특히 아이들을 동반한 대부분 가족은 국립자연사박물관과 국립항공우주박물관을 제일 선호하는 것 같았다. 아이들을 따라가면 영락없이 두 박물관 입구이고, 그 앞은 늘 인산인해였다. 그만큼 인기가 높으니 혼잡도를 줄이기 위해 우주박물관은 시간대별 사전 예약 후, 큐알 코드를 제시해야만 입장이 가능했다.

이 밖에 국립미술관, 국립미국역사박물관, 허시혼미술관, 국립초상화미술관, 국립아프리카계미국인역사문화박물관 등이 있지만, 우리는 국립미술관과 국립자연사박물관은 여러 차례 방문했고, 그 외의 박물관들은 가볍게 둘러보는 것으로 마쳤다. 건물규모도 크지만 전시 공간과 작품수가 많아 다 감상할 수 없기 때문이다. 그런데 의외로 아프리카갤러리는 아프리카 사람들의 작품과 그들의 화려한 인테리어가 기억에 남는다.

우리 부부는 문화예술 분야에 관심이 있어, 어느 여행지에서든 미술관과 박물관은 꼭 찾는 편이다. 뉴욕의 짧은 여정 중에도 메트로폴리탄 미술관과 MOMA(The Museum of Modern Art, 현대미술관), 뉴욕 구겐하임 미술관을 찾았고, 워싱턴으로 오기 전날 오후에는 짬을 내어 고호의 〈별 헤는 밤〉을 한 번 더 보기 위해 MOMA를 다시 찾기도 했다. 구겐하임미술관의 전시 작품들은 현대미술로 난해했지만, 나선형 건물만은 이색적이어서 가볼 만하다는 생각을 했다.

세계의 도시, 뉴욕은 정말 많은 시간을 투자하여 볼 만한 대단한 도시이다. 한국에 세계 유명 작가의 특별 작품전이 열리면 많은 인파가 몰리고, 긴 줄에 비싼 입장료를 지불하고 감상해야 하는데, 세계 유명작품들을 뉴욕에서는 삼 심 불 정도의 유료, 워싱턴에서는 무료로 감상할 수 있다는 것에 감사했고, 평생 한번보기도 어려운 명작들을 마음껏 볼 수가 있어서 무엇보다도 행복했다. 당시 찍은 사진 속의 내 얼굴에 웃음이 만연하고 빛이 나는 것을 보면 얼마나 행복했는지를 알 수 있다.

또한, 세계 정치의 일번지이며 미국의 수도인 워싱턴 D.C.는 철저한 계획 하에 건설되었으며, 건국 영웅이며 미국 초대 대통령인 조지 워싱턴(George Washington, 1732~1799)의 이름을 따서 지었단다. 또한 그의 업적을 기리기 위한 워싱턴 기념탑은 돌로 세운 건축물 중 세계에서 가장 높다고 한다. 워싱턴D.C.는 미국 역사에서 차지하는 상징성도 크지만, 백악관, 국회의사당, 연방 정부가 있고, 세계적 수준의 대학과 역사적인 기념관과 다양한 박물관 등 문화예술시설이 있어서 더욱 가치가 있다고 생각한다.

특히, 스미스소니언 구역에 들어서면 북쪽에 국회의사당이, 반대편 남쪽 멀리 워싱턴 기념탑이 일직선을 이루고, 그 양편에 박물관, 미술관 등 문화예술시설이 즐비한 십자가 모양인 가운데 너른 잔디밭이 펼쳐 있어 하나의 정원같이 아름답다.

워싱턴 D.C.의 스미스소니언을 보며 문득, 우리나라 행정도시인 세종특별시 조성 시, 워싱턴D.C.의 이러한 장점을 일부라도 벤치마킹했다면 지금의 세종청사가 아파트와 상가에 둘러싸이지는 않았을 것이라는 안타까운 생각이 들었다.

흐르는 것은 단순한 물이 아니다

 삼십칠 도를 웃도는 칠월의 뉴욕은 관광객들로 인산인해다. 온갖 인종이 오가는 거리에서 모두 어디에서 왔을까를 헤아리지만, 외모로 판단하기에는 극히 한정적인 국가만 떠오른다.
 큰아들 내외의 초청으로 뉴욕과 워싱턴에서 한 달간 머물며 여행하는 중이다. 뉴욕에 도착한 이튿날이 미국독립기념일이어서 브룩클린 브리지에서 이스트강을 배경으로 늦은 밤까지 멋진 불꽃놀이를 즐길 수 있었다. 독립기념일 기념으로 뉴욕에서만 일정 기간 팔만 발을 쏜다고 한다. 그래서인지 며칠간 늦은 저녁이면 여기저기서 폭죽을 쏘아댔다.
 우리 부부가 여행지에서 제일 먼저 찾아가는 곳은 미술관, 박물관 등 문화예술의 중심지이다. 하지만 이번 뉴욕 여행에서는 국립 '9/11 메모리얼뮤지엄'(The National September 9/11 Memorial & Museum)을 꼭 가고 싶었다.
 뉴욕야경을 보러 간 어느 저녁, 새로 건립된 세계무역센터(One World Trade Center) 앞쪽에 9.11 테러로 인해 사라진 세계무역센터 트윈빌딩의 그라운드 제로(Ground Zero, 폭탄이 떨어진 지점)에 만들어진 세계에서 가장 큰 인공 폭포를 만났다. 그곳에서 죽어간 희생자를 기리는 '9/11 메모리얼 풀' (The 9/11 Memorial Pools)이다. 이를 보고 큰 울림이 있어 다음 날 아침, 국립 9/11 메모리얼뮤지엄을 찾았다.
 트윈빌딩이 있던 값비싼 땅에 건물을 안 짓고, 9/11를 기억하고자 설계된 네모난 두 연못의 인공 폭포는 당시 현장의 참담한 기억을 절대로 잊지 않겠다는 국가적 의지에 깊은 감명을 받았다. 이스라엘 태생의 건축가, 폴 아라드(Michael Arad)가 설계한 이 두 연못은 트윈타워의 바닥 자리에 정확히 배치되었다고 한다.
 아울러 두 연못의 가장자리에서 아래로 흘러내리는 인공 폭포는 약 9m 높이에서 쉼 없이 물을 떨어뜨림으로써, '존재했지만 이제는 사라진 것'을 상징한다. 또한 끊임없이 흘러내리는 물줄기는 '흩어진 삶들이 하나로 모여 공허 속으로 사라진다'는 공동체적 상실감의 표현이며, 연못 바닥 중앙의 네모난 또 다른 연못은 '밑을 알 수 없는 상실의 심연'을 의미한다고 한다. 그리고 연못 가장자리의 청동판에는 약 3,000명의 희생자 이름이 새겨져 있다. 매일 아침 생일을 맞은 희생자의 이름 위에는 하얀 장미꽃이 놓이는데, 이는 기억이 시간 속에서도 영원히 살아있음을 뜻한다.

이 거대한 두 연못의 가장자리에서 하염없이 흘러내리는 물줄기를 보고 있자니, 날카로운 뭔가에 찔린 듯 가슴에 통증이 느껴졌다. 흐르는 것은 그저 단순한 물이 아니었다. 희생자들과 그들의 부재로 인해 아직도 흘리는 누군가의 눈물이라고 생각하니 마음이 저렸다. 그 순간의 감정을 담은 시를 써보았다.

    트윈타워 자리에 두 개의 연못
    끝없이 떨어지는 물줄기는
    사라진 이들의 눈물인가

    끝내 멈추지 않고
    다시는 잃지 말라는
    차가운 청동 위에 맺힌 눈물은
    채워지지 않는 설움인가

    반짝이는 폭￥수 같은 물줄기
    아직도 멈추지 못한 울음
    그들이 떠난 부재의 자리는
    사랑 잃은 한숨인가

    9/11 메모리얼 풀(The 9/11 Memorial Pools)
    그날 이후
    지금도 끝나지 않은 통곡인가

어떤 날도 시간의 기억에서
당신들을 결코 지울 수 없을 것입니다.

(졸시 〈메모리얼 풀〉 전문)

　뉴욕 맨해튼(180 Greenwich St.)에 위치한 이 뮤지엄은 2001년 9/11 테러와 1993년 세계무역센터 폭탄 테러를 기억하기 위해 2014년 5월 15일 개관했다. 뮤지엄의 입장료는 성인이 36불인데 시니어는 30불로 경로우대를 받았다. 뮤지엄은 지상의 출입부와 지하 전시실로 구성되어 있었는데, 당시 사건의 현장성 보존을 위해서 지하 3층(70피트, 21m) 깊이의 트윈타워의 바닥층(Footprint)에 전시 공간을 배치했다. 방문하는 사람이 9.11 테러 사건이 발생했던 바로 그 장소에서 경험하고 기억하도록 설계되어 있었다. 전체적인 분위기는 검회색 톤으로 무게감이 있어 공간이 주는 압도적인 분위기에 둘러보기도 전에 상실감을 느끼게 했다.

　뮤지엄 공간은 트윈빌딩의 9/11 구조 잔해인 마지막 기둥(The Last Column/지하 철골 구조물)과 희생자 수송 기록, 탑승객 휴대폰 음성 등 희생자와 생존자의 이야기를 중심으로 전시되어 있다. 그리고 초기 혼란에서부터 구조활동, 테러의 역사적 맥락에 이르는 스토리텔링을 제공하여 기억과 교육의 균형을 갖추고 있다. 총 8천여 점의 유품과 사진, 구술 기록을 보면서 어느덧 깊은 슬픔과 고통이 느껴졌다. 전시물들은 역사 이해의 수준을 넘어 감정적인 체험과 공감을 자연스럽게 유도하고 있었다. 다양한 시민의 강연, 어린이를 위한 교육, 디지털 아카이브 자료, 특별전시 등을 통해 테러의 역사적 맥락과 해설 등 교육프로그램도 운영하고 있었다.

　한편, 뮤지엄 초입의 거대한 벽면에는 'NO DAY SHALL ERASE YOU FROM THE MEMORY OF TIME.' ('어떤 날도 시간의 기억에서 당신을 지울 수 없다') 라는 문구가 한 줄로 크게 쓰여 있다. 이는 베르길(Virgil, 베르길리우스로도 불림. 고대 로마의 시인이며 역사상 가장 위대한 작가 중 한 사람)의 작품에서 인용한 것이다. 이 문구의 의미는 앞으로 어떠한 일이 생기더라도 그 사람(사건)에 대한 기억은 시간의 흐름 속에서 영원히 남아 있을 것이라는 뜻이다. 이 문구를 보면서 더 이상 과거의 비극이 반복되지 않고, 생명의 존엄성과 평화, 기억을 통해 인류가 더 성숙한 길로 나아가기를 바라고 마음이 가득했다.

 일찍이 『TIME』지는 '박물관은 주변의 고요한 메모리얼 공간과 달리, 상처를 다시 여는 역할을 한다. 이곳은 단지 지나간 사건이 아니라, 현재를 뒤흔드는 충격과 교훈' 이라고 평가했다. 이렇듯 국립 9/11 메모리얼뮤지엄은 단지 과거 회상의 공간이 아니었다. 나 스스로가 사건이 발생한 땅을 밟으며, 그날의 시간과 공간이 소환되어 사건의 증인이 되는 것 같았다. 이 뮤지엄 방문은 "권력과 이념 앞에서 인간의 존엄을 어떻게 지켜낼 것인가?"라는 질문을 되뇌게 했고, "절대 잊지도, 다시는 잃지 마라. 증오하지 말고 두려움에 굴복하지 말며 서로를 지켜야 한다"는 교훈을 얻었다.

시

이서연_감사

갈치 골목 외 2편

서울 남산에서 내려다보면
남대문 시장이 눈에 들어온다

시장 안 이 골목 저 골목
좁은 골목에 갈치집이 많다
집마다 인산인해다
줄 서 있는 사람들
군침을 삼키며 주린 배 잡고 있다

순서가 돼서 들어간 집
2층 오르기 등산이 따로 없다
서로 눈인사하며 밥 나오기 기다린다

양은 냄비에서 보글보글 끓는
토막 난 갈치
이 맛은 엄마의 손맛

서울의 맛집 갈치
언제 먹어봐도 토속적인
우리네 입맛 당기는 맛이다

오월의 여왕처럼 웃자

신록에 피어나는 햇살
눈부신 아침
오월에는 환하게 웃자

싱그런 아카시아 꽃
장미꽃처럼 예쁜
인생길 숨 가쁜 발 디딤
그림자 등 뒤로 넘기고

산과 들이 서로 웃는 초록
오월의 봄바람을 맞으며
얼굴 입 활짝 벌리고 밝게 웃자

한숨짓는 나의 허리를 펴고
신바람 나게
웃으며 놀아보자

오월의 여왕처럼 웃자

소금꽃

크기도 모양도 색깔도
똑같이 생긴 장독 항아리들
어머니가 장독대로 다가가면
그것들은 들썩들썩
하나하나 뚜껑을 열어보지 않고도
거기에 무엇이 담겨 있는지
어머니는 신기하게 알고 있었다

어머니가 하셨던 대로
나도 앞치마를 두르고
장독대로 가서
이건 김장 김치겠지 이건 된장
여긴 간장 여긴 장아찌
킁킁 냄새를 맡아보고
기억을 살려 보아도
번번이 틀리기 일쑤다

콩을 쑤어 간장을 담그고
된장을 만들어 구수한
된장국을 끓이며
질리지 않는 깊은 맛에 들어 본다

어머니 손맛에 미치지는 못해도
물려받은 씨간장이
어머니 그윽한 사랑처럼
항아리에서 소금꽃을 피우고 있다

시

유현숙 _감사

나이와 쉼표 외 2편

젊을 땐 몰랐다
평화로운 아침의 커피 한 잔이
이토록 진한 행복인 줄
소중한 이름 하나 불러주는 일이
얼마나 큰 사랑인 줄

창밖에서 다가오는 연둣빛 햇살
그리고 내 곁에 있는 사람
함께 세월 걸고 가는 친구

이제야 알겠다
행복이란 것을

시간이란 바람에
쉬었다 가는 구름에
꽃을 보듯 웃는다

당신은 멋진 사람입니다

내가 보지 못한 꽃을 발견하고
가던 길 멈추어
꽃향기 가득 안겨주는
당신은 멋진 사람입니다

세상이 빠르게 변해 가도
너무 서두르지 않고
내 느린 걸음에 발맞춰주는
당신은 멋진 사람입니다

바다가 보고플 땐 바다를 보러
추억이 그리울 땐 추억을 보러
손잡고 떠나는
당신은 멋진 사람입니다

아름다운 풍경이 있으면
인생 샷 찍어야 한다며
몇 번이고 사진 찍어주는
당신은 멋진 사람입니다

살아온 날 돌아볼 때
행복한 미소 절로 나오게 하는

고운 추억 겹겹이 쌓아준
당신은 나에게 멋진 사람입니다

설레이는 낭만, 영화 같은 사랑
가득 품고 사는
당신은 가장 멋진 사람입니다
나도 당신에게 멋진 사람으로 다가갑니다

전시회를 마주하며

문득 돌아보니
절반쯤 온 길 위에 서있다
달리기만 했던 날들
미뤄두었던 나를
이제 마주한다

바람 부는 대로
바람이 데려다주는 길
가진 것보다
지켜온 것들이 소중해지고
지나온 날보다
남은 하루가 고마워지는 지금

청춘은 나이를 묻지 않는다
매일을 사랑하는 마음
쉼표 하나 찍고
나는 나를 위한 노래를 한다

나는 꽤 괜찮은 사람이고
행복이 녹음처럼 스며드는
오늘 나는 웃는다
이 삶은 참 따스하다고

시

신민수 _ 사무국장

성탄절즈음 외2편

세상에서 힘 있고
위대한 자들이 용기를 잃는 곳,
그들의 영혼 깊은 곳에서
진심으로 두려워하는 곳,

말구유와 십자가…
공중에 매달린 주점의 간판들이
위태롭게 달랑거린다
용해되지 못한 어둠의 불순물이
희미하게 녹아내린다

사람들은 거리에서
색색의 모자를 쓰고
반짝이는 불빛을 쏟아낸다

그리하여 지구는 꽃 피네
포옹 속에서…

별 뽑기

유년 시절 종종
길바닥에 쪼그리고 앉아
별을 뽑았다

침을 발라가며
별의 테두리를 닦아내고
열심히 핥았다

경건한 제를 드리듯
마음이 경직되고
숨을 참아가며 혼신의 힘을 다해
마치 마음의 별을 구워 내려
불을 피우는 정성으로

누구나 하나의 별을 뽑으려
별 속에 의미를 부여하며
별을 도려낸다

어둠에서 더 빛나는 별,
유년의 하루를 파고들며
기어이 놓치지 않으려는
꿈 하나를 뽑고야 말았다

겨울나무

벗은 속살이
어찌 그리 당당할 수 있느냐

새벽 달빛 덮인
아득한 꿈 하나를 일으켜 세우고

온몸 싸고 도는 서늘한 향기,
가지 끝 매달린 꽃눈이
곧
목련꽃 한 송이 터트려 놓겠다

수필

이명우 _회원

자소自昭 명덕明德 외 1편

내 서재에 「자소自昭 명덕明德」이란 족자가 걸려 있다. 2007년 늦은 봄날이었다. 정년퇴직하고 건강 챙기면서 지내던 대학 때 사귄 친구가 며칠 전에 나도 만나고 학교 방문도 하겠다고 연락이 왔다.

그 친구는 교육부에서 장학관으로 근무하다가 정년퇴직을 하였고 여러 교육기관에서 강의하는 특별 강사였는데 지난해 여름 장기간 병원에 입원하여 수술까지 받아 건강이 좋지 않았다.

그런데 몇 개월 사이에 건강을 다시 찾고 강의도 종전처럼 하고 다니는데 바쁜 가운데 나를 찾아왔으니 얼마나 기쁜 일인지 이런 글귀가 생각났다.

벗이 있어 먼 곳으로부터 오니 또한 즐겁지 아니한가(有朋自遠方來 不亦樂乎; 유붕자원방래 불역낙호).

생각해 보면 친구는 친형제보다 더 가깝다. 문제가 생겼을 때 언제든지 상담할 수 있는 친구, 밝히고 싶지 않은 부끄러운 일도 기꺼이 털어놓을 수 있는 친구, 마음이 외로울 때 의지가 되는 그런 친구가 있다면 얼마나 든든할까, 그래서 예로부터 친구를 표현하는 고사성어도 참 많다. 관포지교管鮑之交, 간담상조肝膽相照; 간과 쓸개를 서로 내보인다는 뜻), 등 뒤로 불어오는 바람, 눈앞에 빛나는 태양, 옆에서 함께 가는 친구보다 더 좋은 것은 없을 것이다. 각박한 현실이지만 좋은 친구만 있으면 견디고 살아갈 수 있으리라.

대학 때 사귄 친구인데도 나에게는 어렸을 때 사귄 친구와 다름없다. 어릴 때 사귄 친구를 죽마고우竹馬故友라 한다. 나이가 들고 사회생활을 하다 보니 이런저런 관계로 새로운 친구가 생기지만 아무리 오랜만에 만나더라도 마음이 편한 것은 역시 코흘리개 적 친구다.

옛날 우리 선비들은 적당한 나이가 들면 벼슬을 고사하고 고향에 내려와서 마음 통하는 친구들과 풍류를 즐겼다. 당시에 풍류라는 것은 요즘의 유흥과는 차원이 다르다. 자연을 가까이 두고 음악과 술을 나누면서 때로는 글을 짓고 시류를 논하기도 했으니 정말 멋스러움이 느껴진다.

오늘 나를 찾아온 친구는 죽마고우 같은 친구로 나의 승진을 축하하기 위해 족자「자소自昭 명덕明德」을 선물도 가져왔다. 선물만이 내가 근무하는 학교의 교직원을 대상으로 특별한 강의까지 하였다.

특강을 마친 친구와 나는 중식을 하려고 대부도 초입에 있는 '까치 할머니 수제비' 집으로 갔다. '까치 할머니'의 인상은 우리가 대학생 때 자주 들러 점심을 먹었던 음식점 할머니 같아 그곳으로 안내했다. 이 집은 수제비가 맛있기로 유명하였다. 육수가 칼칼하면서 시원하고 수제비 반죽을 아주 얇게 떠서 야들야들한 식감이 일품이었다.

이 집의 수제비가 유독 얇은 이유가 있다. 바빠서 빨리 먹고 가려는 손님이 많기 때문이란다. 식당 할머니는 손님들이 호로록 넘길 수 있게 더 얇게 수제비를 뜬다고 한다. 이야기를 들은 친구는 이렇게 말했다.

"할머니! 수제비 맛있게 잘 먹었습니다. 무엇이든 정성과 마음이 깃들면 누구든지 그 진가를 알아주게 되는 것 같습니다. 부자 되십시오."

친구가 준 족자 선물은 특별히 유명 서예가(김만종)에게 부탁하여 쓴 것으로 표구까지 해서 가져온 것이다. 이 족자를 내가 근무하는 교장실 벽에 걸어놓고 늘 읽으면서 생활하도록 노력해 왔다.

족자에는 '自昭 明德 西海高等學校長 李明雨 惠存 金基會 丁亥年'이라 쓰여 있다. 그리고 내가 정년퇴직하면서 그 족자는 나의 서재로 가져와 오늘까지 「독서 백 편 의자 현」하면서 읽고 실천하려 노력하고 있다.

자소自昭 명덕明德을 찾아보았다. 명명덕明明德은 「대학大學」에 나오는 것으로 조금 인용하면, '象曰 明出地上 晉. 君子以自昭明德' (상왈 명출지상 진. 군자 이자소명덕). 즉 상전에 밝음이 땅 위로 나오는 것이 진晉이다. 군자君子는 이를 보고 스스로 밝은 덕德을 밝힌다. 상전에 밝음이 땅 위로 나오는 것이 진晉이다. '(明出地上 晉)'이라고 했는데 진괘晉卦의 상괘上卦인 이괘離卦가 광명을 상징 하고 하괘인 곤괘坤卦가 땅을 상징하기 때문이다.

태양이 지상에서 떠오르는 것이 바로 진괘晉卦의 상象이다. 군자君子는 이러한 괘상을 보고 진괘晉卦의 도道에 근거해서 자소自昭 명덕明德이라 하는데 자自소昭 명덕明德이란 스스로 밝은 덕을 밝히는 것이다. 다시 말하면 총명한 덕이며 사람과 마음에 본디 가지고 있는 흐리지 않은 덕성이라 하였다. 또 밝고 인도에 맞는 행동이며 사람의 마음에 있는 맑은 본성이라 하였다.

밝은 명덕明德을 밝히는 경지境地에 이르는 방법을 대학大學에서는 이렇게 설명하고 있다.

옛적에 밝은 덕德이 천하天下에 밝히고자 하는 이는 먼저 그 가정을 가지런히 하며, 그 집을 가지런히 하고자 하는 이는 먼저 그 자신을 닦고, 자신을 닦고자 하는 이는 먼저 그 마음을 바르게 하며, 그 마음을 바르게 하고자 하는 이는 먼저 그 뜻을 성실하게 하고, 그 뜻을 성실하게 하고자 하는 이는 먼저 그 앎을 지극히 해야 하니, 앎을 지극히 하는 것은 사물事物의 이치理致를 끝까지 파고듦에 있기 때문이다.

다시 말해 격물格物, 치지致知, 성의誠意, 정심正心, 수신修身, 제가齊家, 치국治國, 평천하平天下의 여덟 가지 조목條目을 통해서만 실현할 수 있다는 것이다.

유가儒家에서는 이 여덟 가지 조목條目을 순서대로 행해야만 비로소 밝은 덕德을 천하天下에 밝히고(明明德於天下) 이로 말미암아 마침내 천하天下를 평화롭게 할 수 있다(平天下)고 여겼다.

주자는 명덕明德을 '인간이 본래 갖추고 있는 성性'이라고 하였다. 그는 또 다음과 같이 말하고 있다.

"명덕이란 사람이 하늘로부터 받은 것이다. 그래서 허虛하고 영靈하며 항시 빛난다. 중리衆理를 갖추고 있으며 만사에 합당하게 적용하는 덕이다. 단지 기품에 구애가 되고 욕망에 가려지면 때로는 어두워진다고 한다. 그러나 그 본체는 항시 빛나고 있어 한시도 쉬는 일이 없다. 그러므로 배우는 자들이 때 묻지 않게 하고 늘 밝게 닦아서 원래 하늘에서 타고난 대로 유지하는 것이다. (明德者 人之所得乎天 而虛靈不昧 以具衆理而應萬事者也 但爲氣稟所拘 人欲所蔽 則有時而昏 然其本體之明 則有未嘗息者 故學者當因其所發 而遂明之 以復其初也 명덕자 인지소득호천 이허령불매 이구중리이응만사자야 단위기품소구 인욕소폐 즉유시이혼 연기본체지명 즉유미상식자 고학자당인기소발 이수명지 이복기초야)" 다시 말하면 명명덕이란, 양심을 계발하고 덕성을 함양하는 일을 말하는 것이다. 바꿔 말하면 도덕적 지·정·의를 닦는 일이다.

대학 때 친구가 선물로 준 족자에 이러한 심오한 뜻을 담고 있는지 잘 모르다가 이번 기회에 글을 쓰면서 조금이나마 알게 되었고 주어진 여건에서 최선을 다하고 생활하라는 의미로 이해하면서 삶이 주어진 때까지 열심히 생활하련다.

추억이 깃든 것들

 어느새 한 해의 끝 계절 겨울이다. 아무래도 겨울이 시작되는 12월은 마음이 허전해지면서 한 해를 돌아보게 된다. 올 한 해를 어떻게 보냈나? 살아온 날을 돌아보면서 왜 그렇게 밖에 못 살았을까 하면서 후회도 한다.
 또 더러는 지나간 시절에 대하여 아름다웠던 꿈, 여러 가지 일을 생각해 보게 되고 특히 나이가 많은 사람들은 또 한 해가 저물어 가네. 한 일 없이 나이 한 살 더 먹어, 하며 우리에게도 젊은 시절, 아름다웠던 시절이 있었는데 하면서 지난 시절을 추억하게 된다.
 이미 청춘을 세월 속에 묻어 버린 나에게도 옛날을 추억하는 아름다웠던 시절이 있었지 하면서 회상하는 것은 마음 한편에 회한의 마음도 있지 않을까. 하지만 이미 지나가 버린 세월 때문이 아니라 그 아름다웠던 추억을 생각하게 하는 오늘, 다음을 추억할 수 있는 내일이 있기 때문이 아닐까.
 그래서 아름다웠던 추억이 깃든 그것 중에 먼저 고향을 생각한다. 고향 하면 누구나 어머니 품처럼 정겹고 포근하고 따뜻함을 느낀다. 또 고향에 가면 추억을 느낄 수 있는 사물들이 있다.
 마을 어귀에 서 있는 아름드리 느티나무, 나무다리 있는 냇물에 노니는 송사리, 돌담과 초가지붕, 마당 한쪽 장독대에는 봉선화와 맨드라미꽃이 피어나고 어머니는 늘 깨끗한 정화수를 떠 놓고 무릎을 꿇고 두 손 모아 가족의 안녕과 평안을 기원하였다.
 고향마을에는 고택을 개조하여 전시실을 만들어 놓고 있다. 그곳에 들어가면 마을의 옛 모습이 담긴 흑백사진, 마을 잔칫날 풍경, 지금은 사라진 풍속놀이들, 멋스럽게 도포를 차려입은 어르신의 모습 그리고 젊은 시절 풋풋한 결혼사진들까지 집마다 세월의 흔적과 마을의 역사가 고스란히 담겨 있는 곳이 있어 추억이 깃든 곳으로 남아 있다.
 추억이 깃든 것들 가운데 다른 하나로 빨래터가 아직도 남아 있다. 요즘은 손으로 빨래하는 사람이 드물다.

　세탁기가 발달되어서 빨래만 세탁기에 넣으면 탈수까지 되어서 나온다. 세탁기도 손빨래 기능 세탁기, 삶는 기능의 세탁기, 각종 기능별 세탁기가 나와 있지만 아주 예전에는 어머님이 빨랫감을 함지박에 가득 담아 머리에 이고 시냇가로 나가서 빨래 돌에 빡빡 밀고 방망이로 빨래를 두드리며 땟물과 함께 찌든 살림살이에 대한 응어리를 씻어내기도 하였다.

　특히 겨울철에는 요즘처럼 흔한 고무장갑도 없이 냇가에서 꽁꽁 언 얼음을 깨 빨래를 하다가 손이 돌덩이처럼 되면 주전자에 끓여 가지고 간 물에 손을 담가 녹이면서 빨래하셨던 모습도 추억으로 남아 있다.

　추억이 깃든 것 중에 또 다른 것은 생일이다. 요즘은 어린이들이 생일에 친구들을 초대해 조촐한 파티를 한다. 얼마 전에 손자 현빈도 친구들을 초대하였는데 장소가 상당히 넓은 장소였고 친구들도 많이 왔었다.

　내가 어린 시절 내 생일날이면 어머니는 훌륭한 사람이 되라며 미역국을 끓여 주셨고 무지개떡을 만들어 주셨다. 맛으로 따지면 요즘 케이크에 비교할 수 없겠지만 어머니가 해 주시던 고운 빛깔의 무지개떡이 생일날이면 아련히 떠오르는 추억이다.

　추억이 깃든 것들 가운데는 학용품과 방학이다. 손자 현빈이 사용하는 학용품을 보면 공부가 절로 되고 재미있겠다 싶은 생각이 들 정도로 다양하다. 각종 꽃 모양과 동물 모양의 지우개, 거기에다 향기까지 나는 지우개와 공책, 연필도 있고 필통은 별것을 다 넣을 수 있을 정도로 크고 화려하다.

　내 어린 시절에는 글씨를 쓰다 틀리면 차라리 그냥 두는 것이 나을 정도로 지우면 공책이 찢어지는 그런 지우개와 글씨가 잘 안 써져 혀끝에 침을 묻혀 꾹꾹 눌러가며 글씨를 쓰곤 했다. 그리고 필통도 양철로 된 필통이었다.

　이 필통에 연필을 넣고 다니다 보면 다 찌그러지고 연필심이 부러져서 필통 안은 새까맣고 그 안에 들어 있는 연필은 몽당연필뿐이었다. 그 몽당연필도 추억으로 남아 있다.

　요즘 어린이들은 방학이 되어도 학교에만 가지 않았지 학교에 가는 이상으로 분주하게 시간을 보낸다. 밀렸던 공부를 해야 하고 더 좋은 실력을 쌓으려고 학원을 간다.

또 거기에 피아노나 태권도 그림 공부를 하느라 어른들만큼이나 바쁘게 보낸다. 하지만 내가 어린 시절에는 여름방학이 되면 시냇가에 나가서 고기 잡던 일이며 멱 감던 일이 생각난다.

겨울방학이 되면 그 어느 때보다 신이 났다. 장난감이 별로 없던 시절, 처마 끝에 주렁주렁 매달린 고드름을 따먹고 고드름으로 칼싸움을 하던 일, 빙판이 된 개울가에 나가 썰매를 타고 얼음 위에서 팽이 치던 일, 눈 내리면 눈사람 만들고 눈싸움하던 일, 친구들과 토끼몰이를 하던 일, 이런 모든 일은 추억이 깃든 그것들로 남아 있다.

수필

경길수 _회원

외나무다리 외1편

어릴 적 작은 시내가 있는 곳에 놀러 간 적이 있는데 그곳에 외나무다리가 있었다. 굵은 통나무로 열 발자국 정도 건너는 작은 다리였는데 그곳을 놀이 삼아 건널 때마다 통나무가 두 개였으면 편하게 걸어가고 냇물에 빠질 위험도 없을 거라는 생각을 해 본 기억이 있었다.

지금 나는 예순의 후반부를 지나면서 외나무다리를 걷고 있다.

아니 어쩌면 지금까지 외나무다리를 걸어 왔으리라. 어릴 적 놀이터 같던 다리가 아니라 더 높은 곳에 아슬아슬하게 걸쳐 있는 인생의 외나무다리를 매달리듯 걸어왔다. 스치는 바람에도 두려워 떨고, 안간힘을 써도 안전하지 않았던 시간들을 버텨오면서 이 다리만 건너면 찾을 것 같은 삶의 보물을 꿈꾸던 시절은 내 인생의 봄날이었을 것이다. 꽃이 피고 초록 나뭇잎 사이로 불어오던 봄바람의 향기가 머물던 시절이 외나무다리를 지나게 하던 내 안의 또 다른 다리였다.

가끔은 두 나무다리가 있던 편안하고 안전한 시절을 생각하지만 수명이 다해 사라진 한쪽 나무를 더 이상 그리워하지 않기로 한다. 이제는 외나무다리도 겁내지 않고 건널 수 있는 연륜이 있기 때문이다.

인생은 추억을 남긴다는 말이 있다. 나는 가끔 외나무다리에 서서 인생의 가치가 무엇일까 하는 생각을 하며 추억을 새겨 보지만 냇물에 비쳐진 그림자만큼 희미하고 때론 물속에 잠겨 있는 자갈돌만큼 의미를 잃어가기도 한다. 그래서 인생의 가치는 남겨진 추억 중에서도 내가 기억하는 가장 소중한 순간이고 그 순간은 누군가를 가장 많이 사랑했던 순간이라 생각한다.

나의 반쪽이 뇌종양에 걸려서 시한부 삶을 살고 있던 시간이 나에게 가장 소중하고 가치 있는 시간이었다. 나는 그의 인생을 마무리하는 동반자였기 때문에 최선의 사랑을 주려고 노력했다. 생명이 꺼져가는 그의 시간을 존중해 주고 그가 하는 모든 행동을 사랑했기에 그동안 살아온 어떤 시간보다 행복했다. 병원을 오가는 자동차 안에서도 지친 얼굴로 잠들어 있는 그를 깨우며 계절의 풍경을 보여 주려 했고, 귀찮은 표정을 감추며 희미한 미소와 함께 겨우 눈을 떴다 감는 그의 모습이 너무 예뻐서 사랑했었다. 그때는 모든 시간을 사랑으로 가득 채워도 아쉬운 시간이었고, 삶의 끝자락에 담아 놓은 사진은 또 하나의 소중한 기록이 되었다. 그가 언어를 잃어갈 만큼 병세가 깊었을 때 아주 작은 소리로 나에게 속삭였다. "지금이 제일 행복해." 순간 내 눈에서 기쁨과 슬픔의 감정이 엇갈린 눈물이 흘러나왔다. 그리고 이 사람에게 지금까지 살면서 행복한 순간이 얼마나 됐을까 하는 생각을 하니 동반자로서 미안한 생각도 들었다. 그가 떠난 지금도 그가 해준 행복했다는 말이 내 삶의 온기를 더해준다.

살면서 둥지를 만들고 그 둥지를 채워갈 내 짝을 만난다는 것은 삶을 이루는 작업이기도 하다. 완성이 없는 삶의 작업은 갈등의 연속이고 그러다 보면 세월이 우리의 삶을 비웃듯이 흘러가고 결국 우리는 삶의 작업의 본질도 모르고 허덕이다 둥지를 비워야 되는 때가 온다. 그래서 삶은 연습할 시간이 없고 애매하기도 하다. 외나무다리에서 망설일 때도 선택의 여지가 없는 게 우리의 삶이다. 신이 내게 허락한 시간들은 살아내야 하기 때문이다. 우리의 삶을 희로애락으로 단정짓지만 그 단어의 의미를 가지고 한평생 살아간다는 것은 무서운 싸움이다. 사람에겐 보이는 외나무다리도 있지만 보이지 않는 외나무다리가 있기 때문이다. 보이지 않는 외나무다리는 사람마다 다 다를 것이다. 각자의 마음과 생각이 다르니까 결국 우리의 선택이 외나무다리를 건너는 방법이 되고 각자에게 그려지는 인생이 되리라 생각해 본다.

나의 운전 일지

내가 운전을 시작한 것은 2010년도 가을이었다. 진작에 면허를 땄지만 그동안 흔히들 말하는 장농 면허였다. 나는 겁이 많아서 운전을 할 거라고는 상상도 못하고 그저 남들이 따니까 혹시 모르니까 하는 마음으로 면허를 따게 됐는데 신기하게도 필기 실기 모두 한 번에 좋은 점수로 합격을 하였다. 그래도 운전대를 잡는 것은 나와는 상관없는 일이었다.

그런데 남편이 내 차라고 중소형격 되는 신차를 나도 모르게 구매하고 주차장에 세워 놓았다고 선포를 하는 것이었다. 그 후로 학원에서 일주일 연수를 받는데 어느 날 남편이 친정집이 있는 화성에 가자며 운전을 하라고 다그쳤다. 할 수 없이 덜덜 떨리는 손으로 운전을 하고 왔는데 너무 천천히 달린다. 흐름을 타지 못한다. 잔소리를 하던 남편은 서울에 있는 개인 교습자를 찾아서 2주간 연습을 시켰다. 사당동에서 시흥대로를 오가는 연수를 하는데 무슨 말을 하는지 도무지 알 수가 없었는데, 나를 가르치는 운전자는 시키는 대로 잘 따라 한다고 칭찬을 하였다.

그 후 나는 자다가도 운전할 생각을 하면 가슴이 떨려서 잠을 못 자는 엉뚱한 병에 시달려야 했고, 아파트 창문으로 큰길을 내다보며 수많은 차들이 오고가는 것을 보고 한숨을 내쉬곤 하는 나날들을 지내다 드디어 아이들을 통학시키기로 결심했다. 그 당시 고등학생이었던 지녀를 태우고 가장 복잡한 시거리를 몇 번이나 지나며 운전하는 첫날은 무슨 정신으로 했는지 내가 생각해도 신기했다. 그러나 하루 이틀 지나면서 놀랍도록 운전에 대한 두려움이 사라지고 자신감이 붙게 되었다.

그러던 어느 날 한 달 초보 운전으로 앞만 보고 가던 내 차에 "드르륵" 하고 무언가 스치는 느낌이 들어서 5미터 정도 가다 차를 세웠다. 차 안의 아이들은 별일 아닐 거라 위로를 했지만 차를 내리고 보니 70대 노인이 쓰러져 있는데 머리에 피가 흐르고 있었다. 자세히 보니 달리던 차선에 차가 세워져 있어서 내 차선으로 급하게 뛰어들다 바람막이 차량이 내 차 백밀러에 스치면서 중심을 잃은 거였다. 나는 즉시 119에 신고하고 병원으로 후송시킨 후 출퇴근 시간 순찰하던 경찰차를 타고 경찰에 가서 진술서를 써야만 했다. 그런데 사고가 나니까 놀랍도록 담대해지고 바로 운전하는 데 더 자신감이 생긴 것이다.

그 후로 큰 사고는 없었지만 성질이 급한 덕에 자차 사고를 자주 내곤 했었다. 그러다 보니 운전대만 잡으면 신경이 예민해지고, 나도 모르게 험한 운전이 습관화 되고 있는 것을 느끼게 되었다. 가게를 경영할 때 일이다.

직원이 잘못을 저지르고 나가서 몹시 화가 난 상태에서 운전을 하게 되었는데 주택가에 세워 놓은 차를 출발시키는 데 후진 기아를 놓고 액셀을 세게 밟는 바람에 주택가 담벼락에 왕창 부딪치는 사고가 났다. 그리고 또 한 번은 주택가 코너를 급하게 돌다가 세워 놓은 트럭 뒤를 치어서 차 문이 접힐 정도로 망가지기도 했다. 그러는 과정 속에 10여 년이 넘으면서 이제는 차분하게 운전을 잘하고 다니지만 여전히 입에서는 미친×× 소리가 자주 튀어나온다.

어릴 때부터 얌전이라 불리던 소녀는 어디로 갔는지….

내가 운전에 익숙해지고 자신이 생겼던 이유는 조금씩이라도 매일 운전을 했기 때문이고 더 큰 계기가 있다면 앞이 안 보일 정도로 비가 쏟아지는 장거리 고속도로를 몇 번 다녀오고 나서였다. 운전 초보를 넘어설 즈음 지인들하고 인삼을 사러 금산에 갔는데 오는 길에 비가 억수로 쏟아지고 안개가 많이 끼어서 앞을 분간하기 어려운 상황이 되었다.

빠르게 움직이는 와이퍼가 감당하기엔 역부족이었고 오직 앞차의 희미한 불빛만 보고 달려야 했다. 차안의 사람들은 너무나 편안히 자고 있었고 나 혼자 생사를 다투는 운전에 몰두해야 했다. 집으로 왔을 때 안도의 한숨과 무언가 해냈다는 자신감의 희열을 맛보게 되었다.

그 후로 나는 운전을 즐기고 운전하는 시간에 또 다른 나의 시간을 만드는 여유를 가지게 되었다. 어쩌면 나의 인생도 나의 운전 생활과 다를 게 없었다는 생각을 해본다. 별거 아닌 것 같은데 생사가 걸려 있기 때문에 신중하고 예민하게 살아온 삶이 나의 운전 일지로 채워진 것이다.

앞으로 얼마를 더 달려갈지 모르는 나의 길을 달리면서 더 멋진 기록을 남겨보자는 꿈을 가져며 오늘도 안전운전하길 기도한다.

시

이미진 _ 회원

잃어버린 시간 외 2편

청명하고 드높은
하늘

저 언덕 넘어
얄밉게 가버린
세월

내 친구가
되어준 큰 나무들

실바람 나고
달려가 볼까

우정의 탑이
기다리는 곳으로
달려가 볼까

한 떨기 장미

모퉁이 작은 공간
눈부시게 싱그러운
여인

수줍어
고개 들지 못해
어찌 그리
사랑스러운지

새벽 찬 서리
온몸 적시어
별들과 도란도란

고귀한
너의 기품
내 가슴에 안긴다

잊혀져간 계절

한 잎 두 잎
떨어진
낙엽 사이로

번뇌는 오고가고
인생과 삶은
숨바꼭질

세월이한테 들킬라
꼭꼭 숨어라
머리카락 보인다

수필

임춘식 _회원

남자의 운명은 아내에게 있다 외1편

동물 세계에서 늙은 수컷은 비장하거나 비참하다. 평생 무리를 보호하던 수사자는 사냥할 힘을 잃으면 젊은 수컷에게 자리를 내주고 쫓겨나 마지막 여행에서 혼자 쓸쓸히 죽어간다.

늙은 숫고양이도 죽을 때면 모습을 보이지 않는다. 침팬지도 늙은 수컷은 젊은 것과 암컷에게 애물단지처럼 따돌림 당하며 산다. 생식과 사냥의 임무가 끝난 늙은 수컷은 가족에 짐이 된다는 만고불변의 원칙을 아는가? 동물의 세계와 인간의 세계가 별반 다르지 않다.

한국보건사회연구원(2022)은 여성의 75%가 '늙은 남편이 부담스럽다' 라는 여론조사를 발표했다. 평균 수명이 길어지면 그만큼 돌봐야 하는 기간도 늘어날 것이라는 여성 쪽 걱정이다. 늘 듣던 말 같은데 남성이 점점 더 내몰리는 느낌이다.

우리나라의 전통적인 가부장 문화는 이제 여인들에 의해 사라졌다. 그 고분고분하고 순박하며 시어머니, 시누이들을 무서워하며 남편을 하늘처럼 받들던 효부시대는 머나먼 전설 속으로 이미 사라졌다.

일본에서는 부원병夫源病이란 말이 유행이다. 남편 때문에 생긴 속병이다. 병을 앓는 아내들은 두통, 현기증, 우울증 등을 심히 앓고 있다. 특히 정년퇴직한 남편으로부터 받은 스트레스가 원인이 돼 생기는 병으로 보통 60대 이상 여성들에게서 발생한다.

요즘 세상이 많이 변했다곤 하지만 아직도 우리나라 집안 분위기는 다분히 가부장적이다. 가정의 대소사에 남편과 아버지로서의 권위를 내세워 독단적인 결정을 하기 일쑤다. 그런데 나이가 들면서 집안에서 남편과 아내의 위상이 바뀌기 시작한다. 권력은 그동안 소통을 통해 신임을 쌓아온 아내에게 이양되기 시작한다. 아내뿐 아니라 자식 중에도 내 편은 별로 없다.

최근의 황혼이혼을 보면 남자들이 먼저 요구하는 경우가 늘고 있다. 통계청(2024)에 의하면 "여보, 우리 이제 갈라서요." 전체 이혼 건수는 9만1,151건이지만 고령인구가 늘어나면서 30년 차 이상 부부의 황혼이혼이 최근 10년 새 1만5,128건(2.3%)으로 꾸준히 늘고 있다.

그런데 남자의 황혼이혼은 여자와 다른 점이 많다. 여자는 가족에게 희생한 자기 삶을 찾기 위해 이혼하지만, 남자는 비참하게 버림받기 전에 선수 치는 것이 마지막 자존심을 지키는 것이라는 생각에 이혼을 요구한다. 실제 남편이 먼저 황혼이혼을 청구하는 경우를 보면 벌써 아내가 수도 없이 이혼을 요구했거나 본인이 하지 않아도 조만간 이혼 청구를 당할 상황이 상당수라고 한다.

방법은 결국 하나다. 아내의 방식을 이해하고 인정하는 노력을 해야 행복할 수 있다. 여자와 남자의 생각은 근본적인 차이가 있다. 시간적 여유가 생겨 그동안 미뤄두었던 부부간의 살가운 시간을 갖겠다는 남편의 생각이 아내에겐 고통이 된다.

이이들에게서 독립한 지 얼마 안 된 아내는 자신만의 시간이 더 소중하기 때문이다. 부엌에서 음식을 할 때도, 백화점에 갈 때도 졸졸 따라다니는 것이 아내에겐 간섭처럼 느껴진다. 다정하게 시도하는 대화가 아내에겐 짜증이 나는 잔소리로 들릴 뿐이다. 철저히 아내의 입장에 서서 생각해야 한다.

자주 바깥으로 나가는 것도 좋은 방법인데 스스로 할 일을 찾으면 자연스럽게 해결된다. 이것이 돈 말고도 일거리를 가져야 하는 중요한 이유다. 인간관계의 폭을 지역사회로 넓히고 자녀와 관계를 개선하는 것도 큰 노력이 필요하다. 새로운 부부관계를 만들기 위해서는 자기 권위를 내놓아선 안 된다.

아내가 바라는 좋은 남편은 '눈앞에 보이지 않는' 사람이다. 병원이 멀다는 것도 전원생활의 취약점이다. 고령이 되면 가장 필요한 것 중 하나가 의료 서비스다. 의료비 준비로 끝나는 것이 아니라 병원을 신속하고 편하게 다닐 수 있는 환경이 마련돼야 한다.

혼자 사는 연습을 하는 것도 필요하다. 여자는 남편을 잃고도 평균 10년 이상을 산다. 남자는 건강과 경제적 여건을 갖췄다 하더라도 아내가 있어야 만족감을 느끼지만, 여자는 남편이 없어도 별로 영향을 받지 않는다.

무엇보다 이상적인 부부관계는 은퇴 이후가 아니라 평소에 아끼고 신뢰하는 관계를 지켜나가는 것이다. 일도 중요하지만, 가정에 소홀해선 안 된다. 남자는 특히 스스로 가족들에게 돈을 벌어다 주는 사람으로서 인식되지 않도록 주의해야 한다. 자주 감정을 표현하고 자신의 노고에 대해 공치사하지 않도록 주의해야 한다. 그리고 평소에 아내를 존중하고 아내만의 영역을 인정해야 한다.

생식과 사냥의 임무가 끝난 늙은 남자는 가정에 짐이 된다는 만고불변의 원칙을 아는가? "동물의 세계"와 "인간의 세계"가 별반 다르지 않은 듯하다. 늙은 남자가 가정에서 살아가려면 사냥은 못하더라도 취사와 청소 정도는 직접 할 수 있어야 하는 시대에 우리는 살고 있다.

밥도 하고, 빨래도 하고, 청소도 하고, 분리수거도 하고, 음식물 쓰레기도 버리고, 가정이 평안해지려면 남녀가 어느 정도 가사 분담해야 한다는 말인데, 이성으로는 이해되어도 아직은 실천하기가 쉽지 않은 것 같다.

은퇴 후 명상 수행 고행하는 시기가 현실적으로 실천 불가능하다면 어떤 대안이 있을까? 취사기炊事期가 대안이다. 부엌에서 앞치마 두르고 밥과 설거지를 해야 한다. 은퇴 후에, 부원병 생기지 않게 마누라에게 잘해 주어야 한다.

아내(Wife)에게 순종하면 삶(Life)이 즐겁지만, 아내의 말을 거스르면 칼(Knife)을 맞는다. 은퇴 후에, 부원병 생기지 않게 마누라에게 최선을 다해야 한다. 인생 말년에 버림당하지 않으려거든 남자의 임무를 성실히 수행해야 한다. 말년의 남자들이여! 인명재처人命在妻, 남자의 운명은 아내에게 있다.

늙어가는 것은 멋진 일이다

어느 순간부터 한 살씩 더 먹는 것이 두렵다. 누구나 마찬가지다. 행여 나이의 앞자리 하나 바뀔라치면 불안은 더 심해진다. 나이를 먹는 것은 당연하면서도 멀리하고 싶다. '나이 듦'이 가진 부정적 해석을 경계하면서 한 살 더 먹는다는 것에 대한 진정한 가치를 찾는다.

나이 드는 것은 단순히 나이가 많아지는 것이 아니라, 다양한 경험을 통해 지혜를 쌓고, 다른 생명의 성장을 돕는 과정을 의미한다. 이는 개인의 내면적 성장과도 연결된다. 나이 듦의 과정에서 중요한 것은 마음의 평정이다. 이는 삶을 있는 그대로 받아들이고, 남은 삶을 더 풍성하게 만들어주는 정신적 원천으로 작용한다.

그러나 늙어간다는 것은 신체적 능력이 쇠퇴하고 외형이 변화하는 것을 의미한다. 이는 종종 부정적인 시각으로 바라보이기도 한다. 현대 사회에서는 늙음이 고독, 불안, 우울 등의 부정적인 감정과 연결되기도 한다.

나이 든다는 것과 늙어간다는 것은 서로 다른 의미를 지니며, 이를 긍정적으로 바라보는 태도가 중요하다. 나이가 듦은 경험과 지혜의 축적을 의미하며, 늙어감은 신체적 변화와 관련이 있다.

이러한 과정을 어떻게 받아들이고 살아가느냐가 우리의 삶의 질을 결정짓는 중요한 요소이다.

노화는 어느 날 아침 갑자기 시작되지 않는다. 영원한 젊음에 집착하는 사회에서 꼭 기억해야 할 중요한 사실 하나가 있다. 늙어가는 것은 멋진 일이다. 늙어가는 게 아니라 참되게 익어가는 것이다. 모든 주름, 모든 근육의 경련은 풍부한 경험과 웃음, 움직임으로 살아온 삶의 흔적이다. 노화는 실패가 아니다. 그것은 자연스럽고 보편적이며 매우 인간적인 과정이다.

늙어간다는 것은 삶과 함께 춤을 추는 것을 의미한다. 때로는 한쪽 다리로, 때로는 두 다리로 뛰면서 말이다. 나의 몸은 나를 배신하지 않는다. 몸은 자신과 함께하며, 모든 단계에서 자신의 존경을 받을 만하다. 그러니 한쪽 다리를 들어 올리고, 팔을 넓게 벌리고, 심장이 뛰는 것을 느껴보시라. 그리고 몸이 말하는 것을 들어 보시라.

2014년 개봉한 한국 휴먼 드라마 영화 '국제시장'은 덕수 어머니의 말로 시작한다. 가슴속 깊이 남는 한 장면이 있다. 어느덧 노인이 된 주인공 덕수는 광복과 전쟁, 산업화의 격동기를 묵묵히 버텨낸 삶을 돌아보며 조용히 말한다.

"그저, 가족 잘 지키면 된 거지 뭐."

그 세대의 노인은 가족을 위해 모든 것을 감내했다. 그러나 오늘날의 노인은 이제 자신의 노후를 지키기 위해 자신을 스스로 마주하고 있다.

덕수처럼 오늘의 노인도 가족을 지키고, 나라를 일으키고, 세월을 견뎌냈다. 이제 그들에게 필요한 것은 영웅적 헌신이 아니라 고요하지만, 주체적인 노년이다. 스스로 결정하고, 스스로 돌보며, 스스로 만족하는 삶, 그것이 가능하도록 복지정책은 물처럼 부드럽고 뿌리처럼 깊어져야 한다.

노년은 축소된 삶이 아니다. 그 자체로 완결된 하나의 시기이며, 사회 전체의 품격을 드러내는 거울이다. 영화가 그것을 기억하듯, 정책도 그 품격을 지켜야 한다. 단순히 늙은 인구를 관리하는 것을 넘어 '잘 사는 노년'에 대한 국가 차원의 혁신 전략이 절실하다. 예방적이고 통합적인 고령화 대응만이 다가오는 100세 시대를 품을 수 있다.

프랑스 소설가 앙드레 지드(1869~1951)는 "늙기는 쉬워도 아름답게 늙기는 어렵다"라고 했다.

아름답고 품위 있는 노인이 되는 것은 정말 어려운 일일까? 잘 늙는 것은 대체 무엇일까? 노인들이 품위를 지키는 방법이 무엇일까? 다음 세대에 풍부한 경험과 지혜 전수하는 일이 곧 노인의 품격이자 사명이다.

이를 위해서는 딱 세 가지만 기억하면 된다. 웰빙(Well-being), 웰에이징(Well-aging), 웰다잉(Well-dying)이다. 잘 살고(부자를 뜻하는 게 아니다), 잘 늙어가고, 죽음을 잘 준비하는 것이 노인의 품위를 지키는 방법이다.

모세와 시므온처럼 지혜롭고 영적인 노인, 아름답게 노년의 사명을 잘 감당하는 노인이야말로 잘 살고, 잘 늙고, 죽음을 잘 준비하는 노인이 아닐까? 그런 노인들을 보고, 이 시대 사람들이 '저런 사람이 되고 싶다', '저분처럼 늙고 싶다'라고 생각하고, 존경하고, 추억할 것이다.

　제 자랑과 잔소리보다는 인자한 미소를 건넬 줄 아는 노인, 호통보다는 "잘했다.", "힘들지?", "널 위해 기도할게"라며 칭찬과 격려의 말을 건네는 노인, 넓은 마음으로 먼저 양보하고 배려하는 노인, 인색하지 않고 베풀 줄 아는 노인이야말로 진정 품위 있는 노인이다.

　사람은 나이가 들수록 원숙해지고, 삶의 깊이가 묻어나야 존중받는다. 하지만 반대로 세월이 흐를수록 오히려 더 천박해 보이는 사람이 있다. 이는 단순한 외모나 재력의 문제가 아니라 태도와 말, 삶의 습관에서 드러난다.

　젊은 세대도 노력해야 한다. 일부 노인들의 무질서함을 보고 마치 모든 노인이 그렇다고 확대하여 해석하는 것은 곤란하다. 또 젊은 세대들은 노년기가 곧 내게도 다가올 미래라는 것을 잊어서는 안 된다. 늙었다는 이유만으로 노인들을 폄하하고, 경시하는 것처럼 어리석고 품위 없는 모습이 없다. 자기가 한만큼 꼭 돌아오게 되어 있다.

시

김진하 _회원

바람 외 2편

누가 나를 부르는 것 같다
문을 열어보니 아무도 없다

바람이었다

단풍잎 떨어지는 소리였다

잎 떨어진 나뭇가지 사이로
초승달이 얼굴을 내밀고 있었다

우우 바람이 분다.

어머니

어머니
여기는 가을인데도
여름처럼 수시로 비가 내립니다
거기는 어떠세요

제가 나이가 들어서 그런지
요즘은 어머니 생각이 자주 납니다

병석에 계실 때
어머니를 제대로 못 살펴 드린 게
못내 마음에 걸리네요

언젠가는 어머니를 뵈올 텐데
얼굴을 들고 어떻게 뵈올지…

한강은 유유히

내가 늙어간다

우리는 태어날 때부터
삶의 중심에 죽음이 있다는 사실을 잊고 산다

그러나 늙으면서
머지않아 죽겠구나 하는 생각을 하면
억울하기도 외롭기도 무섭기도 하다

사람은 죽어서 지옥에 가는 게 아니라
늙는 게 바로 지옥이라 하지 않는가

하지만 세월을 어찌 붙잡겠어
모든 일에는 때가 있고 끝이 있다

들판의 여름꽃들은 이미 낙화를 시작하고 있다
오늘도 푸른 한강은 유유히 흐르고 있다

소설

박 하 _회원

꿈과 사랑을 키워준 유년 주일학교

교회 종소리가 들려온다.

땡그랑 땡그랑 여운을 주던 은은한 종소리가⋯.

어린 시절, 주일마다 나는 꿈과 사랑을 키워준 교회로 힘차게 향했다. 삐거덕거리는 나무다리를 건너 측백나무 사이의 오솔길을 타박타박 걸어가면 넓은 채소밭 한 자락에 조그만 천막교회가 있었다.

전에는 커다란 목조건물의 교회이었는데, 갑자기 영문 모르는 불이 나서 교회가 흔적 없이 사라지고 새 성전을 신축할 동안 임시로 지은 천막교회에서 예배를 드렸다.

목조건물의 교회가 화염에 휩싸이던 날, 언니들과 다섯 살인 나는 구경꾼들 틈새에서 교회에 치솟는 불길을 보며 안타까워 발을 동동거렸다.

천막교회의 가마니바닥에 앉아 또래아이들과 같이 '아이들의 동무는', '선한 목자 되신 우리 주' ⋯ 어린이찬송을 목청껏 불렀다. 크리스마스 전야제 날, 엄마가 만들어 준 매끄러운 천 흰 인조한복으로 단장하고 단상 앞에 나아가 '그 어린 주 예수'를 독무용하고 무대에서 내려오자 강홍자, 강영자 두 자매 선생님이 어린애가 잘했다며 번갈아 가며 안아주었을 때 선생님의 흰 양단저고리

옷섶에서 스미는 향긋한 '박하분' 냄새가 좋았다.
 세 자매가 집으로 돌아올 때 나는 큰언니 등에 업혀 밤하늘을 쳐다보았다. 은빛 보석처럼 반짝이는 무수한 별들이 우리 세 자매 머리 위에 축복처럼 비추어 기분이 좋았다.

 1954년. 내가 초등학교 1학년 때 우리 집 옆에 '동촌제일교회'가 신축되었다. 가까워서 좋았다. 교회의 넓은 마당은 아이들의 놀이터였다. 나와 또래친구들은 그곳에서 빤트깨비(소꿉놀이), 땅따먹기, 가여루, 공기놀이, 숨바꼭질… 같은 다양한 놀이를 하며 즐겁게 놀았다.
 그 당시 주일학교 반사들은 유순하, 조태진, 박은덕, 유태분, 선미자, 이삼도 선생님이다. 내가 6학년 때는 경북여고를 갓 졸업한 큰언니가 반사선생이어서 또래동무들 앞에서 괜히 어깨가 올라가며 우쭐대었다.
 그 시절 최승희 무용가를 좋아하던 큰언니는 가끔 나와 내 친구 명희를 불러 집에서 무용을 가르쳤다. 내 친구 명희는 잘한다고 늘 칭찬하고 나보고는 시선과 손끝이 일치하지 않으며 나무토막 같이 뻣뻣하다고 꾸중했다. 한 번은 무용을 성의 없게 억지로 한다고 콩을 말리는 평상에 꿇 앉게 했다.
 한참 후 다리가 저리고 아파 일어설 적에 무심코 다리를 보던 나는 하늘이 무너지듯 깜짝 놀랐다. 종아리가 온통 곰보자국으로 변했기에, 곰보다리가 된 줄 알고 소리 내어 곡하듯이 펑펑 울면서 과수원에서 일하는 엄마에게 뛰어가며 큰언니를 몹시 혼내주라고 일러바치리라 생각하니 마음이 통쾌했다.
 어린이찬송은 부를수록 좋았다. 찬송 중에서도 '꽃가지에 내리는 가는 비 소리', '저 고운 동산 위에서' 찬송을 좋아했다.
 성탄절 한 달 전부터 눈보라 휘몰아치는 강추위도 잊고 교회에 뛰어가 무용과 노래를 맹연습했다. 톱밥과 장작으로 불을 지피는 '쇠난로'가 벌겋게 달아 있어 따뜻했다. '반짝 반짝 별 비치는 그 어느 적막한 날 밤에…'라는 노래를 독창하라기에 가슴이 풍선처럼 부풀어 올라 하늘에 닿을 것 같았다.
 여름성경학교는 재미있었다. 여름성경학교 교가도 잊을 수 없다.
 "해마다 여름 오면 즐거운 하기학교/ 동무야 오너라. 하기학교에/ 생명의 말씀을 다함께 배우자."

그 외에도 "1. 여기서 매아미 맴맴맴맴/ 저기서 쓰라라미 쓸쓸쓸쓸/ 매미와 쓰르라미 노래 소리/ 온 산과 온 들에 가득 찼네. 2. 매미는 어째서 맴맴맴맴/ 쓰르라미 어째서 쓸쓸쓸쓸/ 너와 나 아무도 모르지만/ 아버지 하나님 아신다네."

노래와 다양한 게임을 했다. 허연 밀가루에 묻힌 엿을 먹고 달려가는 놀이, 손수건 돌리기, 봉사놀이… 등 특히 간식시간에 먹던 돌처럼 단단한 찬 아이스케끼는 어찌나 시원한지 목구멍이 펑 뚫리며 달았다.

성탄절이 가까워 오면 우리 또래는 이런 찬송을 불렀다.

"눈길로 삼천리 종을 울려라/ 새벽 닭 울음소리 사라지기전/ 오늘은 즐거운 예수의 탄일/ 깨끗이 맞이하자 성탄 성탄", "눈 내리는 겨울 밤 차고도 찬 밤/ 감람나무 숲에서 양이 울적에/ 하늘나라 천사가 노래하는 밤/ 아기 예수 예수가 탄생하셨다", "하얀 눈 하얀 눈 어째서 하얗노/ 마음이 착해서 하얗지."

요즘 주일학교 아이들은 겨울에 이런 노래를 부르지 않는데, 내가 어렸을 때는 참 많이 불렀다.

추수감사절에는 권사님들이 백설기를 만들어 유년주일학교 전체 아이들에게 이 떡을 나누어주었다. 이날은 예수 믿지 않는 동네방네 아이들과 먼 곳에 사는 아이들도 떡 얻어먹으려고 교회에 많이 왔다. 권사님들은 아이들 머리를 하나하나 쓰다듬어주며 떡을 주시고 교회에 오라고 부탁했다.

성탄전야제는 축제의 날이었다. 아기예수 탄생을 축하드리며 발표회를 가졌다. 흰 한복으로 곱게 단장하고 어깨에는 반사들이 마분지에 은박지를 붙여 만들어준 천사의 은빛 날개를 달고 머리에는 금종이, 은종이로 징식한 별이 반짝이는 면류관을 쓰고 '고요한 밤'을 무용했다. 프릴이 달린 흰 인조무용복을 입고는 '기쁘다 구주'를 또래 동무들과 강대상 마루 위를 나비처럼 훨훨 날아다니며 춤을 추던 순간은 마치 천사가 된 것 같았다.

성탄전야제 날은 언제나 큰언니가 새까마코 볼품 없는 꺼무짭짭한 내 얼굴을 곱게 화장시켜 주었다. 세수한 얼굴에 동동구리무(영양크림)를 듬뿍 발라주고 하얀 분을 분첩에 묻혀 볼을 가볍게 토닥거려 주면 얼굴이 뽀얗게 되었다. 초승달 모양의 눈썹을 그려주고 엄마에게 하나밖에 없는 진분홍색 구찌베니

(립스틱)로 입술을 칠해 주면 분홍장미꽃잎 같았다. 매화꽃 꽃가지가 오돌토돌 새겨진 민경(거울)에 살짝 내 모습을 비추어 보고 기절할 만큼 깜짝 놀랐다.

까무잡잡하던 아이는 온데간데없이 사라지고 얼굴이 뽀얗고 꽃잎 같은 입술로 방긋 웃는 여자아이가 아침 해님처럼 환히 웃고 있었다. 희한하게도 가만히 있어도 자꾸만 입안에 맑은 침이 샘물로 가득 고여, 입술연지가 지워질까봐 걱정하며 입을 한껏 오므리느라 오리주둥이가 되어 침을 꿀꺽 삼켰다. 큰언니가 화장시켜 줄 적에 행복했다. 지금도 거울 앞에 앉아 화장할 적마다 여자로 태어난 것을 신께 감사한다.

그 시절의 선생님들이 보고 싶다. 반세기도 훨씬 전 일이지만, 눈을 감고 한 분 한 분의 그리운 모습을 떠올려본다. 아이들을 무척 귀여워해 주신 유순하 선생님. 선생님은 주일학교 부장이며 또래친구 명희의 사촌오빠로 주일학교 전체를 돌보았는데, 얼굴이 귀공자처럼 잘생긴 총각 선생님이다. 주일학교 부장선생님은 교회 화단에 꽃나무도 가꾸셨다.

분꽃, 맨드라미, 봉선화, 노란꽃 피던 키다리 꽃들과 친할 수 있었던 것은 순전히 유순하 부장선생님 덕분이다. 여름철, 숨바꼭질할 때 우리 또래 꼬맹이들은 키다리꽃무더기 속에 들어가 숨었다. 담벼락에 무리 지어 샛노란 웃음을 터뜨리며 아이들을 좋아하던 키다리꽃! 그 꽃 뒤로 가서 급히 몸을 숨기려다 보면 때로는 실수로 꽃가지를 분질러버려도 꽃은 아프다거나 성내지 않았다.

오히려 온몸으로 아이들을 보듬어주며 머리카락 한 올이라도 술래에게 들키지 않도록 숨겨주려고 애썼다. 오랜 장마에도 쓰러지지 않고 쑥쑥 자라며 우리들이 웃으면 덩달아 웃어주던 키다리꽃. 후리후리 키가 커서 싱거운 걸까. 불어오는 바람결에 건들건들 허리춤도 잘 추었다.

설교를 해 주시던 이삼도 선생님은 늘 엄숙했다. 가끔 피 묻은 예수의 손으로 죄 씻음 받아야 한다며 손바닥으로 단상을 힘껏 내리치면, 콩알 같은 우리들의 간이 깜짝 놀라 땅바닥으로 철썩 내려앉고 등줄기에 식은땀이 주르르 흘렀다. 설교 때마다 예수의 피를 강조했는데, 어려서 그 말의 뜻이 무엇인지 몰랐으며, 뱀과 마귀가 그려진 그림의 전단지를 나누어주는 날은 뱀이 징글맞고 무서워 받지 않으려고 개암나무 뒤로 도망가 숨었다.

얼굴이 보름달 같이 환하던 유태분 선생님은 수박색 유똥 치마에 분홍색 양단 저고리를 즐겨 입었는데, 비단저고리의 옷고름을 어루만지면 비단의 촉감이 매끄럽고 좋았다. 하루는 선생님의 기와집에 또래 친구 명희와 같이 놀러갔었는데, 방안 벽에 횃댓보가 어린 시선을 붙잡고 놓아주지 않았다. 흰 옥양목천 바탕에 공작새와 꽃이 화려하게 수놓인 횃댓보를 살짝 들추어보니 선생님의 노란 호박단 저고리와 까만 비로드 치마 등이 얌전히 걸려있었다.

선생님께서 반짇고리상자를 갖고 와서 우리 앞에서 뚜껑을 열어 반질함 안을 보여주었는데, 고운 색실과 예쁜 천 조각들이 소복이 담겨져 있었다. 몹시 갖고 싶어 하는 우리들의 마음을 눈치 챈 선생님께서 노란색 호박단과 분홍색 오빠루, 연분홍 시시오리 천을 가위로 조금씩 오려서 우리에게 주기에 우리는 입이 함박꽃이 되었다.

그해 추수감사절 날은 유태분 선생님이 부탁하신 말처럼 우리들은 손수 가꾼 국화화분을 하나씩 들고 강대상 앞에 나아가서 성경요절을 암송했다. 범사에 감사하라 이것이 그리스도 예수 안에서 너희를 향하신 하나님의 뜻이니라. ─데살로니가 전서 5장18절. 말씀이 기억난다.

이듬해, 선생님은 우리 마을에서 갑부로 소문난 서칠부 씨 집 장남한테 시집가는 날. 흰 유똥 한복에 하얀 너울의 면사포를 쓴 선생님의 모습이 하늘에서 금방 내려온 어여쁜 선녀 같았다.

새신랑 신부를 태운 하이야(택시)가 동촌 신작로를 한 바퀴 돌며 드라이브할 적에 우리 동네 어른, 아이 모두 길가에 나와서 손을 흔들며 축하했는데, 우리 또래들은 손뼉을 치며 축하했다. 마을사람들은 색시가 맏며느리로 예쁜 데다 복이 많아 부잣집 며느리가 되었다고 칭찬했다.

훗날 나도 선생님처럼 예쁜 모습으로 부잣집 아들한테 시집가고 싶었다. 오색의 색종이로 장식한 차안에 다소곳이 앉아있는 선생님에게 우리들이 고사리 손을 흔들자, 선생님도 꽃처럼 방긋이 웃음 지으며 고운 손을 흔들어주었다. 선생님이 새신랑과 같이 행복하게 사시라고 두 손 모아 기도했다.

홀어머니를 모시고 살며 효자이었던 박은덕 선생님은 키가 전봇대처럼 컸다. 선생님은 무엇이 그리 좋은지 날마다 싱글벙글 웃으셨다. 새벽기도를 하루도 빠짐없이 출석하는데, 아이들과 함께 드리는 주일학교 예배시간에는 꾸벅꾸벅 졸아 우리는 선생님의 졸고 있는 모습을 보고 소리 내어 킥킥거리며 선생님을 보라며 친구의 옆구리를 쿡쿡 찔렀다. 선생님은 '시계점포'를 했으며 그 시절 귀한 손목시계를 손에 차고 있어서 예배시간에 단 한 번도 지각은 하지 않았다.

주일마다 성경얘기를 해 주던 조태진 선생님! 키가 작고 몸도 가냘파 보였지만 얼굴이 여자처럼 예쁘게 생겼고 목소리가 서울말이라 참기름처럼 매끄럽고 좋았다. 성경이야기를 얼마나 재미나게 해 주는지 동화시간이 늘 기다려지고 기대감과 설렘으로 작은 새가슴이 마냥 두근거렸다.

선생님이 단상 앞에서 얘기를 시작하기 전에, 유년주일학교 아이들은 언제나 "아 재미있겠다. 선생님의 말씀/ 어쩌면 아 어쩌면 그렇게도 잘하시나 고맙습니다." 노래를 부르면서 분위기를 살리고, 얘기가 끝난 후에는 "이 말씀 잘 듣고 잊지 않았다가/ 이 다음에 우리도 좋은 사람 되겠어요 고맙습니다"의 찬송으로 답례했다.

정말이지 조태진 선생님은 타고난 얘기꾼이어서 무궁무진한 재미난 이야기로 자라나는 우리 새싹들에게 원대한 꿈을 갖게 해 주었다. 믿음의 조상 아브라함, 하나님께 바친 이삭, 장자의 권리를 산 야곱, 이스라엘을 구한 모세, 애굽의 총리가 된 요셉, 천지창조, 아담과 하와, 돌아온 탕자, 삼손과 데릴라, 다윗과 골리앗, 나라를 구한 에스더왕비… 많아서 다 소개할 수 없다.

자연스럽게 권선징악을 터득하게 해준 덕분으로 성경의 인물 이야기가 지금까지 삶을 살아가는 데 바른 지표가 되어 주었다. 가끔씩 선생님의 동화가 그리운 날은 기억의 맑은 샘에서 하나하나 두레박으로 건져 올리며 반추해 본다. 모두가 다 소중한 이야기이다.

이야기꾼 선생님 집은 가난했다. 얼굴이 여자처럼 동글납작 참하며 체구가 작아서 여고시절 국어 교과서에 나오는 딸깍발이 서울 샌님 같았다. 어릴 적에 잠시도 한 자리에 가만히 있지 못하던 나는 아버지가 지어준 별명 그대로 발바리처럼 온 동네를 쏘다니며 세상 구경하는 게 재미있었다. 마을에 결혼식 잔치나 초상이 나면 제일 먼저 그 집에 일가친척 피붙이인 양 뛰어가고, 보통의 무신 날에도 마실 구경을 해야지 직성이 풀렸다.

이른 봄이지만 쌀쌀한 날, 하루는 다 쓰러져 가는 조태진 선생님의 초가집에 놀러갔다. 선생님의 늙으신 어머니가 마당가 우물곁에서 바짝 말려진 메주 덩

어리를 찬물에 씻고 있었다. 푸르고 흰 곰팡이가 군데군데 끼어 있는 메주를 솔로 팍팍 문질러 씻은 다음, 커다란 대소쿠리에 담아 물기가 빠지라고 받쳤다.

누리끼리한 헌 신문지를 커다란 독 안에 넣어 성냥불을 그어 불태우면서 옆에 서있는 나보고 나쁜 냄새를 없애는 거라고 설명했다. 소금물항아리에 메주를 넣어 배처럼 띄우고 바짝 마른 다홍고추와 검정 숯을 서너 개 띄웠다. 장 담그는 것을 유심히 보고 집으로 오면서 곰팡이 낀 못나고 썩은 것 같은 메주로 맛좋은 간장이 된다는 게 아무리 생각해도 이상했다.

키 크고 몸집이 뚱뚱하고 충청도가 고향인 선미자 선생님은 말씨가 중앙선 완행열차처럼 느렸다. 선생님은 아이들이 떠들면 조용히 하라고 타일렀지만, 기도시간에 눈뜨면 엄하게 꾸중했다.

두 손 모아 꿇어앉아서 샛별 같은 두 눈을 사르르 감고 사무엘처럼 기도해야 하는데…. 기도시간에 자꾸만 눈뜨고 싶었다. 아무도 몰래 살며시 눈뜨고 주위를 살펴보다가 어쩌다 옆 친구 명희가 눈뜨고 있으면 독립운동의 동지를 만난 양 반가웠다. 하지만 선생님의 눈과 마주치면 놀라 당황해 하며 얼른 도로 눈을 감았다.

특히 새 신 반고무신을 신고 간 날은 기도 도중에 눈뜨지 않고는 못 배겼다. 누가 신발을 훔쳐갈까 봐 걱정되어서. 그 당시 유행하던 노래 때문에 더욱더 불안했다.

"예수 사랑하시는 예배당에 갔더니/ 눈 감아라 해놓고 내 신 훔쳐가더라"의 노래가 눈뜨도록 부추겼다. 나비리본 달린 새파란 빛깔의 반고무신―고 예쁜 반고무신을 누가 몰래 훔쳐 갈까 봐 궁둥이를 들썩거리며 신경은 온통 현관입구의 소나무로 투박하게 만든 신발장으로 가있었다.

선미자 선생님은 시집가서도 잡화상하며 우리 동네에 살았다. 선생님 남편이 꿀벌처럼 부지런했다. 여중생이던 나는 어느 날 하루, 꽃수를 놓는 데 필요한 수바늘을 사려고 선미자 선생님의 가게에 가니, 마침 양푼에 고추장 듬뿍 넣어 벌겋게 비빈 나물비빔밥을 선생님과 부군께서 먹고 있었다.

하필이면 그때 밥상 옆에 손을 꼼지락거리며 놀던 첫돌 무렵의 아기가 찡그린 표정을 지으며 똥을 한 무더기 쌌다. 놀란 나는 못 볼 것을 본 양 얼른 고개를 돌렸다.

잠시 후 살짝 보니 선생님은 아무렇지도 않은 양 태연스럽게 계속 비빔밥을 먹고 있었고, 선생님 남편이 씨익 웃으면서 아기 똥을 신문지로 대강 닦아서 옆으로 치우고는 비빔밥을 먹는 거였다. 토악질이 나오려는 걸 간신히 참으며 수바늘을 사는 즉시 가게를 뛰쳐나왔다. 길을 걸으며 집으로 향하면서도 좀 전의 장면이 떠올라 비위가 거슬려 구토가 나오려하기에 수바늘로 새끼손가락 끝을 폭폭 찌르자 메스꺼움에서 겨우 벗어났다.

훗날 자신은 멋진 총각한테 시집가서 아기를 낳고 살다가 혹시라도 밥 먹는 도중에 아기가 똥 누면 그 즉시 밥숟가락 당장 놓고 우선 아기부터 깨끗이 따뜻한 물로 목욕시켜 주어야겠다고 마음으로 단단히 다짐했다. 똥은 촌수 가린다더니 사실로 그랬다.

그 시절 우리 교회 이태일 목사님은 또래동무 이강은 아버지다. 늘 궁둥이 부분이 낡고 해어진 허름한 회색구제품 바지에다 가슴 양편에 아이들을 품고도 남을 만큼 품이 넉넉한 갈색 상의(가따마이)를 걸쳤다. 근검절약하며 사신 분이었다.

주일날 설교할 때나 마을에 전도를 나설 때도 사시사철 언제나 수수한 그 옷차림이었다. 요즈음 목사님들이 타고 다니는 삐까 뻔쩍거리는 최고급승용차는 감히 꿈도 꾸지 못하던 시절이고 고급 양복하고는 거리가 먼 시절이다. 하지만 목사님의 낡고 검소한 옷차림에서 성직자의 참모습을 보았다.

수많은 세월이 흘렀다.

그 옛날, 어린 아이이었던 내가 세월의 나이테 덕분에 권사가 되어 교회의 반사선생으로 봉사한다. 시골 교회에 내가 가르치는 유치부아이들에게 성경이야기를 스토리텔링으로 얘기해 주면 초롱초롱한 눈매의 아이들은 귀를 쫑긋거리며 열심히 듣는다.

이제는 인생을 백년으로 친다면 반세기 넘게 살아왔지만 성경이야기를 할 적에는 힘이 솟구치며 이야기꾼이셨던 조태진 서생님이 그립다. 정말이지 그립다고 생각하니 더 그리워진다.

유치부 아이들을 가르치는 교사이지만, 아이들을 가르친다기보다 자신이 아이들한테서 배우는 게 더 많다. 천진무구한 눈망울을 지닌 아이들이 모두 천사 같으며 아이들과의 만남이 즐거워 주일이 마냥 기다려져 대구에 이사 왔지만, 9년째 탑리까지 시외버스를 타고 간다. 성경얘기를 재미나게 듣는 아이들의 모습을 보면 저절로 신명이 솟구치고 내 어린 시절의 추억이 행복하게 오버랩 된다.

순진무구한 아이들은 어른이 되면 유년 주일학교 시절을 기억할 테지. 내가 들려준 성경 이야기가 아이들에게 꿈과 사랑을 키워주고 바른 삶을 살아갈 수 있기를 간절히 바라며 기도한다. 아이들과 유희하며 뛰어놀면서 나 자신도 천진난만하게 뛰놀던 주일학교 시절로 되돌아간다.

추억이 숨 쉬는 꿈과 사랑을 키워준 유년 주일학교를 떠올리면 뜰에 핀 채송화처럼 활짝 웃는다.

최상국 _ 회원

그네 위에서 외 2편

그네에 매달린
작은 시간 하나가 흔들린다
앞뒤로 소나무에 푸른 숨결
옆에는 단풍나무에 붉은 속삭임
멀리 앵두나무는 여름을 기억하는 듯 웃고
파란 하늘은
행복을 위해 열어둔 창

네 웃음이 바람을 밀고
내 웃음이 바람을 당기면
우리는 더 멀리
더 높이 날아본다

가을이 창문을 두드린다

무더위가 떠난 자리
바람이 내 볼을 스친다

에어컨은 숨을 거두고
선풍기는 꼬리를 감춘 채
조용히 서 있다

창문 너머로 들어온 바람이
여름 먼지를 털어낸다

스며드는 바람은
차갑지도 뜨겁지도 않은
적당한 그리움의 온도

가을은 창문을 두드리며
이름 모를 풀잎 향과 함께
내 마음에 조용히 내려앉는다

태풍

폭우가 할퀴고 간 흔적
아직도 남아 있는데
질풍노도로 달려드는 무리들
잡을 수도 멈출 수도 없구나

몸도 가눌 수 없게 몰아치는 강풍에
가로수 단풍나무도
온몸으로 막아 보지만
흔들리는 가지마다
뚝 뚝
세월 부러지는 소리 가슴이 아프다

저 아픔 누가 막아 주려나

시

윤영훈 _ 회원

신 미인도 외2편

봄 그림자 멀어지는데
한줄기 미혼향에 환해진다

은밀한 향낭 한 번 흔들릴 때마다
잠자던 바람이 깨어나
인도의 향불을 피우다 꺼뜨린다

코끝에서 찰랑대는 둥글고 가벼운 생
고희古稀의 사막에 붓는 향유는 아니더라도
작은 먹 점들이 나를 둘러싸고
고요한 파란을 일으키고 있다

길 위에서 익어간 시간들이
숨죽인 바람을 간질여
아찔한 속내를 풀어내고 있다

하얗게 타오르다 만 보랏빛 여운
늦은 봄날의 미인도
멀구슬나무

홀로세*에서의 죽음

그들은 떠났다
유언 같은 것은 남기지 않았다
어쩌다 남아있는 그들의 잔해에선
낯선 불길함만이 감돌고 있었다

그들은 축복처럼 왔었다.
그때 바다는 생명으로 일렁거렸고
대지는 하나로 빛났다
그들은 넘치는 생명의 잔으로
여기에 뜨겁고 감미로운 숨결을 불어넣었다

오랜 평화는 깨질 운명이었다
이교도들은 생명의 계약을 왜곡하였고
그들의 뼈와 피로 황금 사원을 세웠다

갈라진 대지에서 솟아난 황금손들은
태고의 상형 문자를 불태웠다
시간 숭배 족들이 발명한 불가역적 질서 속에서
몸들은 다시 생명의 부름을 받지 못했다

그들이 떠나기 전 바람, 물, 공기에는
온 생명이 매달려 대롱거렸으나

이교도들은 끝내 눈먼 자들이었다
그들은 여기서 멸종되었다

*홀로세: 신생대 제4기의 마지막 지질 시대, 이 시기 마지막 빙하기 말기 이후 전 지구적 온난화가 있었음.

목어는 죽비처럼

부처 마을 하늘 위로 바다가 펼쳐진다
하늘 땅 모든 소리가 바다를 불렀다
빈 몸엔 아직 남겨 논 바다 일렁이는데
한 번 흔들릴 때마다 구름 닮아가는 목어

단장의 아픔 안고 울음 따라온 소식
하늘에서 곱게 단청을 입는다
모천으로 회귀하는 물살이들처럼
흔들려 흔들려도 서쪽 하늘 향하는 목어

처음 절로 가는 길 맞아주던 사천왕들처럼
이제 돌아가는 길, 새로운 문 열어 보인다

탁탁 또그르르 또르륵 타악 탁
세상 소릿길 끊어진 지금 여기
홀연한 소릿문 열려라
마음과 마음이 하나로, 정과 혜
두 개의 문 두드리는 죽비 소리를 들어라

허공에 뛰어내린 오래된 나무뼈 하나
온몸으로 받아 안고 무심히 흘러가는데
세상 소리들 앞에 진혼의 다라니 열렸다 닫힌다

소리들 그물 위에서 춤추다 벗어버린 생
목어의 빈 바다에 햇살 가볍게 찰랑거린다

시

서정학 _회원

봄 외 2편

따뜻한 봄이 오면
파란 새싹 돋아나고
산천에 참꽃 흐드러지게 피어나지

따뜻한 봄날에는
아지랑이 아련히 피어오르고
뻐꾸기도 구슬피 울어대지

따뜻한 봄이 오면
바람은 햇빛 타고
설렘은 봄바람 타고 와서
우리네 가슴 저리게 하지

우리는
따뜻한 봄날을 기다리며
설레는 가슴 안고
그렇게 살아가겠지

고운高雲

높은 구름은
엉켜서 시비하지 않습니다
급하게 휘몰아치지 않습니다
여유롭게 여유롭게
멀리멀리 흘러갑니다

높은 구름은
성난 소낙비 뿌리지 않습니다
앞다투어 시기하지 않습니다
넘쳐흐르지 않습니다
그의 자태는 항상 엄연합니다

높은 구름은
높이 떠서 온 세상 봅니다
한곳에 치우치지 않습니다
자태는 항상 외롭습니다
언젠가는 아름답게 사라질 것입니다.

청솔바람

간밤 청솔바람 그리도 울더니만
한 맺힌 사랑이냐
목 메인 그리움이냐
밤새껏 울어예어 한(恨)인들 풀겠는가
듣기도 애달프니 가슴인들 오죽하랴

간밤 청솔바람 그리도 울더니만
세월의 설움이냐
이별의 슬픔이냐
텅 빈 가슴 깊숙이 묻어두자
오늘만 세월 아닌 것을 울어서 달랠까

간밤 청솔바람 그리도 울더니만
잊으려는 몸부림이냐
바람의 설렘이냐
한 세월 살다 보면 내일이 오늘인데
그렇게 포효한들 아침이 속히 오랴

시

조성찬 _ 회원

연모戀慕 외 2편

호수에 스며든
별빛 같은 미소에
이끌려
살포시 포옹했던
그대의 숨결은

베토벤이
엘리제를 바라보며
사랑에 빠진 것처럼

그대를 연모하며
기다릴 수밖에 없도록
가두어 놓았소

여운餘韻의 미련은
깊은 번뇌煩惱에 빠져
놓지 못한

기다림의 사랑으로
어느덧 가을로
다가왔소

황혼으로 물든 지금
연모하는 마음을
들키지 않으려
목이 좁은 호리병 속에
꼭꼭 감춰 논 사랑

마음만 청춘인
모양새에 빠져
벤치에 앉은
내 모습이
호수에 투영되고 있소

당근 마켓

당근 맛에 중독된 말은
당근밭을 찾아
달리고 또 달립니다

당근밭에 가서
입맛에 맞는 것을
마구 골라 먹습니다

배가 부른지도 모르고
당근 맛에 길들여져
소화불량에
걸릴 지경입니다

이거다 싶으면
갈기를 휘날리며
무작정 달려가는
말이 됩니다

오늘도 습관처럼
당근밭을 두리번
거립니다
뭐 먹을 게 없나?

솔바람의 장난기

엄마가 덮어준 나뭇잎에
꽁꽁 숨은 도토리들
가을 솔바람에
나뭇잎은 바스락바스락

다람쥐가 다가오는
으스스한 발소리 같아
콩닥콩닥 뛰는 가슴

솔바람의 장난기가
아기 도토리를 겁준다
솔바람은 나빠

그래도 다행인 건
토실토실 알밤 친구가
옆에 자고 있으니 나 대신
다람쥐의 타깃이
되지 않을까?

시

박태근 _ 회원

왜! 날 찾아 외2편

군포시 금정전철역에 내려
벚나무 가지에 걸터앉은 빨간 잎새 하나
날 수소문하다 지쳤는지
아무 차나 가리지 않고
지나갈 바람 따라 지붕에 타려는 것을
차마 눈뜨고는 두고 볼 수가 없어
내 1톤 트럭 조수석에 태웠다

못 이룰 인연
진즉에 고삐 풀어 놓았거늘
역마살 도져 사방팔방 헤매고 돌아다니다
아직도 후끈 달아오른 지 빨간 잎새 되어
인연이라 곤 전혀 없었을 것 같은
군포시 금정역까지 찾아와
벚나무 가지에서
왜! 나를 찾아

상사화

밤낮으로 뗐어
매미가 하도 울어 보채
넘 서둘러 알몸에 꽃핀 상사화
어두움이 가렸어도 참 곱소
그 낯에 스며든 당신은 더 곱구려
승강기 탈 줄 알려는가 모르겠네
멀미하지 않으면 백자 속에 몸 가려
갓방* 시렁**에 고이 모셨다
사람 잠들면
슬쩍 건너와 홑청 함께 덮고
소곤소곤 얘기하다
잠 한 번 들었으면 쓰겠소

* 시렁: 방에 긴 나무나 대나무로 만든 선반
** 갓방: 집 가장자리에 있는 방

뚜렷해졌어라

늘상 잡는
시골집 문고리
맞닿아 머뭇거린 살갗
여전했던 촉감 왔어라 시방時方

희미한 얼굴 가물거려질까
떠올리려 애썼는데

윗목에 걸린 해묵은 사진
짜르르 오감 눈빛 찔러 들어옵니다
맴에 꽉 찬 두 분 얼굴
이젠 뚜렷해졌어라
아버지 어머니

시

이재귀 _ 회원

눈물이 시가 되어 외2편

한평생 살아온 나날이
배부르고 등 따셨다면

어찌 구구절절한
한 편의 시가 되리오

배고픔에 눈물 젖은 빵도
먹어 봤기에 그 서러움 알고

사는 게 힘들어
남모르게 흘린 눈물이

가슴 절절한
한 편의 시가 되어

오늘도 가슴속에
영원히 살아 숨 쉬네.

호수에 잠긴 달

오늘같이
무더운 이 밤

저 맑고 잔잔한 호수에
달님 떠 있으니

달님도 이 밤
더위를 참지 못하고

잠시나마 멱 감으러
내려오셨나 보다

이 밤 저 고운 달님과
신나게
멱이나 함께 감아 볼까나.

삶이란 그런 거야

지금까지 살아온 날들을
돌이켜 보면
즐겁고 여유 있게 살아온 삶보다는

하루하루 힘들게
버티며
살아온 날들이 더 많았지

한때는 내 초라한 모습 보이기 싫어
모자를 푹 눌러쓰고
다닐 때도 있던

그 힘들었던 그때 그 시절
무너지지 않고
잘 버티며 살아왔기에

오늘처럼 이렇게 웃으며
지낼 수 있는
시간도 있잖아

삶이란
바람이 부나 비가 오나 다

그렇게 견디며 살아가는 거야

살다 보니 입가에 미소 짓는
좋은 날도 오잖아
삶이란 다 그런 거야.

시

백종순 _ 회원

무명실 외 2편

장롱 서랍 깊숙이 앉아 있던 무명실 한 타래
두 며느리가 보았다면 필경 버리라고 했을 그 물건
하지만, 나는 못 버린다
세상이 달라져 쓰임새가 별로 없는 탓일까

냇가에서 이불 홑청 하얗게 빨아 널어
풀 먹여 반지르한 다듬이돌 위에
방망이로 똑딱똑딱 장단 맞춰
살을 펴 무명실로 꿰어 놓으면
이불 위에 벌러덩 엄마 냄새를 맡았지

어머니는 실패에 실을 감고
나는 양손 엄지와 검지 사이에 실타래를 걸고
둥실둥실 춤을 추듯 넘겨 드리던 무명실

수십 년 흘러도 그대로 있으니
쓰든 못 쓰든 엉킨 실을 홀로 풀어 감았다

열 손가락의 춤

길고 짧고 굵고 가늘고
열 손가락이 놀이를 한다

바람 따라
하얀 조각구름 흘러가다
먹구름 만나면 빗방울 어디에 숨었는지
그는 알겠지

건반 위에 온몸 바쳐 춤을 추는
열 손가락 끝에서

기다림과 그리움 사이

삼대독자 울할버지
학도병으로 전사한 막내 삼촌

외갓집 방공호에 꽃씨 하나 남겨두고
전쟁터에 나간 울아빠

뒷동산 앞 냇가 폭격 소리 요란할 때
안으로 숨겨 키운 울엄마

전쟁터에서 돌아온 울아빠와 만남은
기다림의 절정이었지

봄 여름 가을 겨울 일흔다섯 바퀴 도는 동안
기다림과 그리움은 회색빛으로 켜켜이 쌓여 있네

이제 반백이 된 허전한 머리카락은
흘러가는 구름처럼 강물처럼 잡아 놓을 수 없는
세월 앞에 무심코 지켜보고 있을 뿐

아버지 어머니는 그곳에서 잘 계시겠지요

시

정성국 _ 회원

잡초雜草의 생존生存전략 외 2편
– 다시 태어날 때를 기다리는 마음으로

나를 밟아야 한다
밟혀도 다시 일어나야 하고
밟히면 흔적을 남겨야 한다

어디든 가리지 않아야 살 수 있다
누군가에게는 의미 없는 몸짓이지만
의도된 삶을 살기보다는
그저 살아남기 위한 자리매김이면 그만.
경쟁에 굳이 끼어들기보다는
경쟁한다면 그저 살아남기 위한 자리매김.

봄이 되어 솟아올랐지만,
다시 돌아와 꽃을 피울 날을 이야기하지 않는다
누군가에게는 탄생이 혹독한 시련의 과정이지만
나에게는 억척같은 마음 하나로
오늘을 기다린 것이다

때를 기다릴 줄 알 때
간절함을 넘어설 때
화려한 꽃을 피우고
보이지 않는 생명의 씨앗은
어둠 속으로 다시 숨는다.

사람들 (1)

촛불을 밝히는 이는 뉘인가

뉘를 탓하며
뉘를 원망할 수 있는가?
떨어지는 추락의 아픔 속에서
헤어나려는 끝없는 몸부림 속에서도
깊어만 가는 사람들의 어두운 밤은 멈추질 않았다

따뜻한 어머니의 품 안에
두 손에 바알간 촛불을 들고
무릎을 꿇은 한 사람의 두 눈엔 참회의 알갱이가 있었다.

온 세상을 뒤덮은 듯한 눈물은 뉘의 것이며
이 어두운 밤을 만든 이는 뉘며
떨어지는 추락의 아픔을 느껴야 하는 이는 뉘란 말인가
이 꺼져가고 있는 촛불을 밝혀야 하는 이는 뉘란 말인가

내가 살아가는 50대代

내가 살아가는 둘레길에서,
나의 담장을 이제는 다 쌓아 놓았다고 믿었다.
이제는 나의 한계限界만 지키면 된다고 다짐했다.

쓰러진 자신을 일으켜 세울 수도 있고,
다시 쓰러지게 할 수도 있다.
비 때문에 우산을 써야 한다면
우산은 조금만 더 커지면 된다.

아버지의 바람과
어머니와의 애잔한 기억
부인의 희망 사항
자식들의 요구도

모두 다 부질없지만

눈감으면 떠오른다
자세히 보지 않아도 된다
멀리 있어도 보인다

그래도, 눈물은 나오지 않는다.

시

정효석 _ 회원

판공성사 외 2편

누군가에게
감사의 눈물을 흘렸다면
그 누군가는 천사이다.
그때는 몰랐고 원망도 있었지만
어느 날,
고개를 끄덕였다면
그 또한 천사이다.
우리 모두는 어느 순간엔가,
어느 누구엔가 천사다.
판공성사를 보려고
사람들이 길게 줄 서 있다.
천사들의 삶이
고단한가 보다.
녹록지 않은가 보다.

할매

지는 꽃 곱다
어여쁘다
걸어오신 굽이길
가만히 들여다보면

위대한 사랑

사흘을 굶으면
눈에 뵈는 게 없다
사흘 밤낮으로 비가 내리면
햇볕이 간절하다
아무리 반가워도
사흘이면 바닥이 난다
예수님도 사흘만에
부활하신 걸 보면

사흘에 사흘을 더하고
사흘에 사흘을 곱하며
함께 살아온 날들

씨앗이
한 그루 나무가 되기까지
모난 돌이
몽돌이 되기까지
상처 난 자리에
꽃이 피기까지
목숨 건 사랑 이야기는
어쩌면 가벼운 일

파란의 시간이 만들어 낸
빛과 그림자 속에
네가 나인 것을 알아가는 일

박헌명 _ 회원

봄, 그 숨결 외 2편

큰 품의 뒷산은
잠든 마을 감싼 담요처럼
하얀 숨결 품
겨울 끝을 감싸안는다

개울물이 밤새 말없이
누운 마을 살며시 쓰다듬자
고요한 얼굴들 깨어난다

그 위로, 봄빛은
모세의 지팡이로 바닷길을 연 듯 차가운 공기 가르고
신부 베일처럼 하얗게 반짝인다

그 떨리는 순간을 잡고자
문밖으로 달려 나가
렌즈 속 계절과 눈을 맞춘다

개울가 할머니, 창 너머 봄을 보던 아이,
나는 가고 없어도
봄은 나뭇잎 져도 다시 돋아나듯
고운 숨결로 다시 찾아올 것이다.

당신

당신의 눈빛 속에 담긴 지혜와
입가의 미소가 나를 감쌉니다
당당하게 걸어가는 그 발걸음은
세상의 모든 아름다움을 담고 있지요

당신의 삶은 한 편의 시
매 순간 빛나는 구절이 되어
영감을 줍니다
당신의 빛을 따라갑니다

당신의 손길 닿는 곳마다
풀이 피어나고
목소리 닿는 곳마다
희망이 자라납니다

당신의 따뜻한 마음이
사랑으로 전해 오고요
당신과 함께하는 이 순간이
영원히 계속되기를.

민들레 연가

팔 차선 바람 속
쇳소리 흘러넘치는 아스팔트 강
그 틈바구니,
스스로 피어난 황금 숨결 하나

노란 민들레가
시멘트 틈의 상처에 노래를 불러주자
햇살은
반짝이는 물방울로 손뼉을 친다

그 작은 꽃잎은
봄을 꺼내는 손전등이고
빛 방울은
희망의 불씨로 피어난다

인파의 소음이 꿈을 눌러도
오염된 먼지가 생명을 흔들어도
노랑은
움츠리지 않고 자라난다

너 어찌하여 여기에 서 있느냐
물으니
상처의 자리야말로
꽃이 피는 곳이라 한다.

수필

배정향 _ 회원

신비하고 아름다운 장독 외1편

그 장독들을 마당에 심어 놓았다.

그냥 풀어 놓았다기보다 굳이 심어 놓았다고 말하고 싶다.

그 장독들은 모두 100여 년 된 것들이다. 그들은 머리에 가슴에 발에 훈장을 달고 있다. 깨졌거나 금이 갔거나 상처 난 것들이다.

시멘트 가루나 회칠을 두르고 있는 것들, 와이어로 이리저리 매듭지어 엮은 훈장들이다. 시어머님 생전에 아침저녁으로 닦고 씻어서 반들반들 거울 같았던 것들. 시어머님의 부지런함과 깨끗함과 알뜰함을 증명하는 것들이다. 그들은 지금 상처에서 후광이 솟아나 날마다 더욱 광채를 발하고 있다.

이 장독들을 바라보고 가난과 역경을 이겨낸 여인들의 견인주의 정신을 생각한다. 이 장독들이야말로 그들 일생일대의 생활예술품이라 할 수 있을 것이다. 생활은 때를 맞춰 어김없이 찾아오는 허기虛氣이다. 그 모든 생활의 허기를 위하여 한결같은 마음으로 제 자리를 지키는 일은 참으로 용기 있는 일이며 눈물겨운 일은 갸륵한 일이다. 희생과 봉사라는 질료로 빚어진 생활예술품, 그 장독들은 크고 넓어서 옛 여인들의 넉넉한 인심과 관대한 성품들을 잘 나타낸다. 참으로 원형질의 모태이며 그들의 대지大地이다.

여학생 시절 선생님께 들은 얘기, 70년 세월이 흘렀어도 잊혀지지 않는 얘기가 있다. 장독에 관한 얘기다. 우리나라 장독대야말로 세계 어디서도 구경할 수 없는 고유한 풍경일 것이다. 6.25 동란 때 참전한 서양 군인들의 말이다.

"한국 사람들 참 위생적이야. 대변통, 소변통, 애기변기, 어른변기 다 따로 있네."

크고 작은 장독에 가득 담긴 간장과 된장을 보고 놀랐을 것이다.

항아리 가득 갖가지 김치가 담겨지던 김장철이면 이웃끼리 품앗이 하던 일. 장독을 둘러싼 오순도순 오가던 이야기들, 근심은 서로 털어놓고, 부족함은 사과하고 자랑할 일 있으면 마지못해 옷자락 살짝 보여주듯 자랑해도 아무 흠이 안 되던 장독대 주변, 다시는 돌아오지 못할 낭만의 보고였다.

나는 장독을 통하여 옛날과 지금을 보며 긴장과 이완을 반복한다. 치열한 삶 속의 한적하고 평화스러운 공간, 빛나는 공간, 푸른 공간이다. 오랜 숙성시간을 거쳐 발효되는 은은한 빛과 향기, 우리 옛 여인들의 은근과 끈기를 닮아 있기 때문이다.

오늘날 우리들의 생활양식은 편리하게 갱신되었다. 단순화 생략하게 되었다. 내 집 마당의 빈 장독들은 아무 하는 일이 없어졌다. 그들은 깊은 사색에 잠겨있을 것이다.

밤이면 별보다 많은 아파트 창문의 불빛을 바라보고 동트는 새벽이면 짙고 깊은 어두움이 엷고 푸르스름하게 물들어 가는 것을 바라볼 것이다. 좀 더 아침으로 가면 불그레하게 온기가 도는 동녘 하늘을 가슴 설레며 바라볼 것이다. 신비하고 신선한 아침 해를 가슴 벅차게 바라볼 것이다.

이 장독들은 지금은 비어 있지만 실상은 비어 있는 것이 아니다. 옛 여인들의 뜨거웠고 아팠고 자랑스러웠던 이야기들로 가득 차있다.

"소금 먹는 집으로 시집을 갔어."

너무 가난하여 장독이 없었다. 콩도 메주도 그것을 숙성시킬 여유도 없었다. 시간도 없고 공간도 없는 생활이었다. 기다리는 것은 아이들과 노인들의 서러운 울음 뿐. 여인들은 제 살과 피를 짜낼 결심을 했으리.

자기 몸의 이천배의 실을 자아올리는 누에가 될 것을 결심했으리. 길고 긴 고달픔과 각고 끝에 조그마한 장독 하나를 장만하고 세간살이를 더 불려갔으리

라. 그런저런 이야기들로 가득 차 있다.

그런데 참 이상한 일이 벌어졌다. 내 집 마당의 장독에서 줄줄이 옛 여인들이 살아나오는 것이었다. 헤진 치마저고리에 헝클어진 머리의 아파트 창문보다 많은 여인들이 장독을 이고 지고 어떤 이는 금이 간 장독을 들고, 기뻐하며 슬퍼하며 줄줄이 살아나오는 것이었다. 그 줄 맨 앞에 내 시어머니와 친정어머니가 서 있는 것이었다.

언제부터인가 이 장독들은 내 그리움과 등가물이 되어 있었다.

서문시장을 찾아서

고모가 울고 있었다. 이슬같이 맑고 깨끗했던 안경알에 뿌옇게 안개가 서려 있었다. 늘 명랑하고 활발했던 고모. 남편 없이 두 딸과 아들 하나를 데리고 씩씩한 대장부로 살던 고모.

"우째 살꼬, 우째 살꼬."

서문시장에 화재가 난 것이다. 화재는 자신이 일어설 시기를 잘 알고 있다. 모든 점포들의 문이 잠겨지고 퇴근한 후가 적당하다. 하루의 피로를 풀고 깊이 잠든 밤이면 더욱 좋다. 불꽃을 튀기며 일어선 불은 그의 불길을 잘 알아서 삽시간에 점포 372개를 태울 위력이 있다. 넋이 나간 고모가 허겁지겁 애를 썼지만 역부족이었다. 이미 다 타버린 포목상점이었다. 망연자실한 고모가 찾아온 곳은 그녀의 친정집이었다. 할아버지는 고모에게 추상같이 단호했다.

쓸데없는 것들이 저거 오래비 애만 먹이고 속만 썩혀 굶어 죽던지 불에 타던지 너거 힘으로 해결할 일이지 물론 딸의 애처로움에 할아버지는 얼마나 울었을까. 그러나 여러 대가족의 식솔을 거느리고 홀로 애쓰는 아들이 안쓰러워 그랬을 것이다.

아버지는, "남들을 도와주었는데 홀로된 동생을 그냥 두겠습니까? 너와 나는 골육이라."

고모가 아프면 나도 아프다고 하셨다.

고모는 작고 밀폐된 공간에서 옷감을 펼치고, 접고, 자로 재고, 가위로 자르고를 반복하며 살았다. 생존의 치열한 욕구를 아주 간단명료하게 미니멀리즘으로 재현하는 생활예술인이었다. 고모의 눈과 마음을 사로잡는 옷감들, 그 옷감들은 고모의 골육이었다. 어깨가 굽은 골육, 허리가 펴지지 않는 이 골육들은 날개를 달아서 멀리 날려 보내야만 하는 골육들, 그들이 무슨 색깔로 무슨 모양으로 어디로 날아가든지 모르는 채….

고모네 집은 서문시장 지나서였다. 그 때는 서문시장을 '큰 시장'이라 불렀다. 과연 큰 시장답게 눈이 휘둥그레지도록 크고 없는 것이 없었다.

엿장수들의 가위소리는 긴장과 해소를 반복적으로 보여주고 있었다. 각설이 타령, 풍물소기 호객하는 소기, 흥정하는 소리, 싸우는 소리, 옷이 벗겨지고 끌려오는 사람, 끌고 가는 사람, 갓 출생한 병아리들은 삐약삐약 암탉, 수탉의 꼬끼요 소리, 꽥꽥 돼지 목 따는 소리, 붕어들, 가물치들 푸덕대는 소리, 소리들이 큰 시장을 이루고 있었다.

소리 없는 소리들도 있었다. 지렁이들, 지렁이들도 말을 하는지 할아버지들에게 잡혀온 지렁이들이 큰 들통 안에서 꼼지락 꼼지락 수화를 보내고 있었다. 잡혀온 개미들도 있었다. 개미들은 이미 불에 볶여서 생명을 잃었지만 내 눈에는 개미의 더듬이가 하느적 하느적 말하는 것 같았다.

할머니들은 그 많은 개미를 어디서 잡았을까. 서너 되가 됨직한 개미들의 소리 없는 아우성이 내 귀에는 확실히 들렸다. 어떤 이는 다람쥐를 데리고 다녔다. 그 다람쥐는 생각했을 것이다.

여기가 어딘가. 산이 움직이고 언덕이 올라갔다 내려갔다 하네. 강아지들, 갓 태어난 강아지들을 데리고 소풍 나오듯 구경나오듯 할머니도 있었다. 마음씨 고운 이에게 그 강아지들은 팔려나갈 것이다. 토실 토실 살이 오르고 뼈가 자라고 그 집의 골육이 될 것이다.

진열대 위에는 참 가지런한 그릇들. 큰 것은 작은 것을 포용하며 껴안고 있었다. 저마다의 모양과 무늬에 알맞은 맛과 향을 기다리며 긴장하는 생명들, 온몸에 반짝반짝 윤기를 흘려보내고 있었다. 배가 불룩한 옹기, 항아리들, 어느 집으로 팔리어 가든지 그 집에 복덩이를 풀어 놓을 것이다. 넓은 바다를 헤엄치다 그 모습 그대로 박제된 물고기들. 그들도 질세라 방문객들에게 바다 향기며 바다 이야기를 전해 주고 있었다.

서문시장생활 3년이면 언어장애자들도 말을 하고 청각장애자도 들을 수 있다는 옛말이 있다. 야바위꾼들의 민첩한 손놀림 사람을 미혹하게 하여 미몽에 잠기게 한다. 우리가 이전에 확실히 알던 경계가 힘없이 우리도 모르게 허물어진다. 믿는 것이 이런 거였구나. 차분하게 생각하려 해도 자꾸 달아나려는 의식세계를 붙잡아야 한다. 나팔을 크게 불어라.

야바위꾼의 반대편에는 착하고 어진 지게꾼들이 있었다. 그때는 대가족, 한

집에 첫째, 둘째 아들, 그들의 처자까지 몇 십 명이 함께 산 가족이 있었다. 채소도 많이 사야 하고 옹기 항아리도 큰 것을, 이부자리도 많아야 했다. 지게꾼들은 쉴 새 없이 짐을 날라야했다. 꽃이 피거나, 지거나 바람이 오거나 가거나 상관할 여가가 없었다.

1669년(현종 10), 대구 읍성의 서문西門 밖 약 300m 달서천 주변의 하천부지에 자연발생적으로 장이 형성되었다. 수백 년을 이어오다가 경북가도와 현풍, 상주 등을 잇는 도로가 넓어지면서 상거래가 활발해졌다. 인근 비산동(날뫼), 내당동 일대의 고분을 이용해서 천황당天皇堂 못을 매립했다. 그 고분들은 당시 토호들의 무덤으로 지금 남아 있는 불로동 고불단지의 모습을 상상하면 될 것이다.

1923년부터 대구읍성 달서문 서쪽 문 밖에 있다 하여 '서문시장' 혹은 '큰장' '대구 큰 시장'으로 불려져 왔다. 임진왜란 병자호란, 삼일운동, 6.25, 60년 70년대 대형화재의 동란을 겪으며 많은 애환과 질곡을 넘어 오늘에 이르렀다.

350여 년의 역사가 힘겹게 지나가고 이제 아름답고 묘한 수많은 점포들 참 비교할 수 없을 만치 독립적이지만 서로 닮아있는 점포들 우리들은 서로 골육이라 자랑하고 있었다.

고모는 죽을 때까지 서문시장인으로 살았다. 모든 소망도 꿈도 희망도 놀라운 일을 이루는 서문시장에서 시작되고 끝이 났다. 고모의 손녀가 서문시장을 보러 왔다. 손녀는 할머니의 끈질긴 생명력을 닮아 최고 명문 하버드 의대 교수가 되었다. 손녀는 남편과 아들, 딸을 데리고 왔.

작지만 질서정연하고 질서정연하지만 와자지껄하고 무질서한 활동력 넘치는 서문시장의 점포들을 경이의 눈으로 바라보있다. 자신의 힐미니를 그리워하면서. 손녀는 할머니를 닮아 훈련과 연단으로 촌철살인의 정신으로 살아왔을 것이다. 거북이는 500일을 굶어도 살 수 있다 한다.

서문시장 상인들은 500일 적자 보아도 끈끈이 살아서 오늘에 이르렀다. 일감이 생기고 소비자가 돌아오고. 서문시장인들은 날마다 든든히 서가고 그 수가 많아지고 있다. 훈련과 연단으로 강해진 사람들은 아무것도 두렵지 않다. 진흙 속에 있는 진주도 있고 칼 집 속에 숨어있는 용사도 있다.

이제 서문시장은 현대식으로 그 면모를 갖추어가고 있다. 온라인시장, 글로

벌명품시장, 시장역사박물관, 서문시장한옥관 애기보호시설, 주차장시설 등을 속속 갖추고 있다. 옛날처럼 와자지껄한 생명력은 사라졌지만 조화 질서 균형 잡힌 신시장으로 발전해 가고 있다.

  소울 푸드, K-푸드, 퓨전 푸드를 찾는 젊은이들의 발길도 있다. 서문야시장은 젊은이들의 세계다. 반면 서문새벽시장은 더 왕성한 아저씨, 아주머니의 세계다. 참으로 서문시장에는 없는 것이 없다.

  역사와 전통, 현대가 함께 어우러져 살아 숨 쉬는 곳 세계 속의 큰 시장을 자랑스럽게 지켜온 서문시장인들에게 감사드린다. 그들의 노고와 희생에 감사드린다. 지금은 국내는 물론 세계각지에서 관광객이 몰려오고 있다.

  이곳 서문시장에서 없는 것이 없다.

  없는 것이 있다면 그건 무상無常이다. 허무다.

  오 허무여! 외치지 마라.

  우리들의 골육인 서문시장에 들을 수 있다. 볼 수 있다. 말할 수 있다.

시

배형균 _ 회원

7월의 붉은 장미 외 2편

꼿꼿한 허리는 강철보다 강하고
고개 치켜든 꽃잎
창공을 뚫을 듯 기세 양양

붉은 꽃잎 붉다 붉어
검은 물감 덧칠하고
자존심으로 버틴다

다른 꽃잎 사랑에 지쳐
흙으로 돌아가도
7월의 붉은 장미 공간을 지탱하고

꽃의 여왕
그 이름
세상을 떠받친다.

사모思慕

벚꽃이 눈물을 떨굴 때
내 가슴에 잔물결로
당신은 다가왔죠

벚꽃의 눈물이 메말라 버렸을 때
당신은 한 송이 백합으로
내 가슴에 옹알이를 틀었죠

벚꽃의 눈물 잔해가
말끔히 사라졌을 때
당신은 내 기억 속에 이름 석 자 남겼죠

벚꽃이 다음 해
꽃망울을 터트렸을 때
당신은 내게 기쁨을 가르쳐 주셨죠

벚꽃 인연
죽음의 터널을 지날지라도
당신을 사랑할 것입니다.

실연

찬란한 봄의 꽃 잔치도
사랑이 외면해 버린 4월
아픔이 가슴에 새겨질 때마다
하나둘 꽃잎이 고개를 떨군다

겨울의 모진 바람에도
인연을 이어가듯 사랑이 연명해도
산들 봄바람이 심장을 뚫고
이별을 고백한다

고하는 임의 입술
비수 되어 내 마음에 박혀도
고통이 느껴지지 않는 건
살짝 남은 기억 때문이다

꽃잎이 지듯
내 봄도 저물어 간다.

평론

김재엽 _ 지구문학 발행인

환경 생태적 감수성과 윤리의식의 성찰
— 박경희 시집 《내 안의 불씨》의 시 세계

1. 들어가면서

AI 첨단산업사회의 한복판에서 제조업 강국으로 우뚝 자리한 우리나라, 그런데 문명의 역기능이라 할 만큼 환경 생태의 급격한 변화와 기후변화로 인해 발생하는 자연재해가 대형화됨으로써 우리 인간의 생존권이 크게 위협을 받고 있는 것 또한 현실이다.

특히 북극을 통과하는 뱃길이 조만간에 열릴 만큼 빙산이 힘없이 부서지며 녹아내리고 있어 지구의 생태 환경은 감내하기 힘든 변화를 겪고 있는데 역설적이게도 경제적으로는 엄청난 부가가치가 창출될 것이라고 하니 미래의 지구 변화를 어떻게 받아들여야 할지 혼란스럽기만 하다.

이렇듯 지구 환경이 급격히 변화되는 와중에 2000년대 중반에 우리 『지구문학』(2005년 가을호)을 통해 시인으로 등단한 고려대학교 이학영 박사께서 물고기를 비롯한 지구 생태 환경의 급격한 변화에 관심을 갖고 생태 환경운동을 본격적으로 벌이기 시작했다.

환경운동연합 자문위원으로서 생태 환경 칼럼을 경향 각지에 발표하고 고려

대학교 평생교육원에 생태문학작가 아카데미를 개설하여 교육과 함께 문학운동으로서의 지평도 넓혔다.

이즈음 『지구문학』으로 등단하며 인연을 맺은 박경희 시인께서 고려대학교 생태문학작가 아카데미를 수료하고 한국생태환경연구원 협력이사로서, 또 자연생태환경 전문가로서 한국생태문학회 작악회의 일원으로 '민들레사랑'을 작시하여 예술의전당 콘서트홀에서 발표하기도 하며, 생태 환경과 관련 깊고, 사계절 변화에 민감한 자연시 등을 창작하여 꾸준히 발표해 왔다.

본고에서는 생태 환경의 위기 속에서 피어나는 희망으로서의 시, 인간이 고도의 첨단산업사회를 지향하며 파괴하는 생태 환경에 대하여 깊이 성찰하며 윤리의식으로 메타포하는 작품으로서의 박경희 시인의 시를 심도 있게 분석하며 감상하고자 한다.

2. 따스한 생태적 시선, 정염의 회복 윤리

우선 박경희 시인은 자연을 대하는 시선이 따뜻하다. 시 창작에 있어 전반적으로 짧은 행과 비교적 넓은 여백을 채택하는 형식을 취함으로써 시적 대상인 이미지 사이에 간극을 두어 읽는 호흡을 느리게 만든다. 느린 호흡은 다시 사유의 시간을 만들어 깊은 정신세계로 빠져들게 하는데, 여기서 오감의 정염을 가을의 사물성과 접목하여 움직이는 화자와 함께 따라붙는 '그림자' 사이의 윤리적 문답으로 형상화한 시 〈그림자〉를 소환해 본다.

아무래도 밟고 지나가야겠다
노란 은행잎 따라
저물어 가는 길 위를 걷는다

한 발자국 내디딜 때마다
그림자가 숨을 삼킨다
아프지 않냐고

내 마음을 먼저 묻는 듯

바람은 금빛으로 흩어지고
그림자도 은행잎 따라
나를 따라 멈춰 선다

— 〈그림자〉 전문

    이 시에서 핵심 시어로 등장하는 '노란 은행잎'과 '금빛 바람'이 고전적 가을 레퍼토리의 흔한 감상으로 치부되지 않도록 박경희 시인은 '그림자'에게 질문의 주체를 부여함으로써 감각의 균형추를 맞춘다.
    자연을 관조하는 행위에 머무르지 않고 자연의 변화되는 장면 속에서 도덕적 자아를 호출한다는 점에서 이 시는 생태적 감수성과 윤리적 성찰의 접점을 잇는다.
    특히 "밟고 지나가야겠다"는 생태적 윤리로서의 시의식은 낙엽을 밟는 사소한 촉감으로부터 타자의 '아픔'을 연상하는 순간, 인간 중심의 시선은 흔들리고, "내 마음을 먼저 묻는" 행위가 된다. 이 작은 전환이야말로 시가 일상 감각의 윤리적 재교육을 수행하는 방식으로 자리하는 이유가 되는 것이다.
    그림자는 단순한 물리적 현상이 아니라, 발걸음마다 화자에게 질문을 던지는 존재, 즉 내면화된 양심, 혹은 자아의 또 다른 층위다. 그림자는 시각적 대상이지만, "숨을 삼킨다"는 촉각과 청각적 은유를 동원함으로써 그림자에 '목소리'와 '체온'을 부여한다.
    그림자가 '말' 대신 '숨'을 삼킴으로써 응답하는 설정은 말의 명시성보다 말 없는 양심의 무게를 앞장세운다. 그 말 없는 압력은 "아프지 않냐고" 묻는 직접 화법으로 번역되며, 윤리적 질문으로써 "나의 한 걸음은 타자의 고통을 밟는 일인가"를 묻는 것이다.
    결국 위 시 〈그림자〉는 계절의 이미지에서 출발해 윤리적 질문으로 귀결되는 사유의 단막극이며, 그 장면을 지탱하는 것으로 시각에서 청각으로의 정교한 전환, 절제된 행 분할, 그리고 여백의 여유롭고 간명한 호흡이라 하겠는데, 이러한 장치 덕분에 시는 단정한 미감 속에 묵직한 물음을 남긴다.

긴 겨울을 지나 다시
타오르는 불빛 하나
꺼질 듯 사라져도
스스로 길을 밝힌다

가슴 깊은 어둠 속
바람이 몰아쳐도
지지 않는 불씨 하나
나의 가슴으로 달려든다

언제나 어디서든
꺼지지 않는 그 불씨는
세상에 보내는 따스한 빛

재를 헤치며 일어나는 힘
그 불씨가
나를 살게 하는 이유가 된다

내 마음을, 내 삶을
오늘도 나는
내 안의 불로 걷는다

— 〈내 안의 불씨〉 전문

 위 시 〈내 안의 불씨〉는 제목부터 이 시집의 중심 메타포가 되며 표제시임을 강렬하게 선언한다. 불씨는 쉽게 꺼져 버리는 작은 빛이지만, 동시에 거대한 불길을 잉태하는 잠재성 높은 존재이다.
 시는 "긴 겨울을 지나 다시/ 타오르는 불빛 하나/ 꺼질 듯 사라져도/ 스스로 길을 밝힌다"로 시작한다. '겨울'과 '불빛'의 대비 속에서 계절의 변화를 예고하는데, 여기서 '불씨'는 외부의 점화가 아닌 '자기 점화'의 속성을 드러낸다.

삶의 의지는 외부 보조가 아니라 내적 근거에서 새로워진다는 존재론적 명제가 깔린다. 다음 연에서 "가슴 깊은 어둠 속/ 바람이 몰아쳐도/ 지지 않는 불씨 하나/ 나의 가슴으로 달려든다"로 이어지는데, 불씨는 단순한 대상이 아니라 주체에 가까워진다. 불씨가 '달려든다'는 역동적 의인화는 의지의 능동성을 강조할 뿐만 아니라 '바람'이라는 고난과의 대결 구도를 만든다. 그리하여 "언제나 어디서든/ 꺼지지 않는 그 불씨는" 자기 구원에 머무르지 않고 "세상에 보내는 따스한 빛"이 되어 '타자 윤리'로 확장된다.

내 안에서 시작된 불은 세상을 비춘다. 이 벡터의 변화는 시인의 윤리적 상상력, 곧 개인적 의지의 사회적 발화 가능성을 보여준다. 결국 "재를 헤치며 일어나는 힘/ 그 불씨가/ 나를 살게 하는 이유가"되며 불씨의 생장과 재생이 '재'를 헤치는 운동성으로 구체화된다. 재는 소진, 상실, 상흔의 메타포다. 그러나 박경희 시인은 바로 그 재 속에서 다시 일어서는 힘을 길어 올린다. 그렇게 상처의 잔해를 토대로 일어서는 회복의 윤리가 시 전체를 관통하는데, 마지막으로 "내 안의 불로 걷는다"고 당당하게 '존재'의 의미를 선언한다. 무엇보다 박경희 시인이 '불씨'를 "세상에 보내는 따스한 빛"으로 표출한 것은 개인적 회복이 곧 공동체적 온기의 조건이라는 정언에 가깝다. 회복과 배려의 결합은 오늘의 생태 환경적 위기 담론에서도 중요한 메시지다.

한편 이 시의 은유 체계의 내부를 들여다보면, '겨울 → 어둠 → 바람 → 재'로 이어지는 역경의 흐름과, '불빛 → 불씨 → 빛 → 불'로 이어지는 소생의 흐름이 서로 대구를 이룬다. 역경의 흐름은 주로 자연과 환경의 물리적 이미지로, 소생의 흐름은 감정과 윤리의 에너지로 표상된다. 이때 '불씨'가 매개가 되어 두 흐름을 연결하는데, 외부의 역경은 내적 불씨를 도발하고 내적 불씨는 외부의 빛을 만든다. 이 상호 작용이 선순환을 반복적으로 환기해 독자의 체화를 도모한다. 조용하지만 단단한 언어가 자신의 호흡과 보폭을 조정하게 만드는 힘, 그것이 〈내 안의 불씨〉가 남기는 아름다운 잔광이다.

 한낮 뜨거운 열기
 기세가 등등하다

아스팔트는
뜨거움을 견디지 못해
비명처럼 일렁이고

공기마저
뜨거운 숨을 토해낸다

저 멀리
햇살이 아른거리는 길 위에
여름이 온몸으로 타오른다

- 〈폭염의 기〉 전문

 이 시 〈폭염의 기〉는 한여름 도시의 열섬 현상을 '감각의 과부하'로 번역해, 환경 변화가 몸의 체험으로 침투하는 과정을 보여준다. "한낮 뜨거운 열기/ 기세가 등등하다"며 자연 현상을 '기세'로 치환한다. 이어 "아스팔트는/ 뜨거움을 견디지 못해/ 비명처럼 일렁"인다고 메타포한다. '비명'은 소리의 이미지이지만, 여기서는 시각적 잔상(열기)의 '일렁임'과 결합하여 공감각적 이미지를 불러온다. 뜨거움은 단지 온도의 수치가 아니라 감각계 전체를 동요시키는 폭력으로 현현한다.
 그리하여 "공기마저/ 뜨거운 숨을 토해낸다"며 생명의 호흡을 매개하는 공기를 투명한 매질의 행위자가 아닌 뜨거움을 내뿜는 행위자로 격상시키고는 시적 호흡을 원경의 프레임으로 전환하여 "저 멀리/ 햇살이 아른거리는 길 위에/ 여름이 온몸으로 타오른다"고 노래한다. 여기서 '여름'은 계절 이름에서 생명체로 변형되는데, 계절이 온몸으로 타오르는 순간 자연과 인간의 경계는 흐려지고 '몸'은 환경의 총체적 체험장이 된다.
 이 시 〈폭염의 기〉는 언어의 절제미 또한 돋보인다. 수사는 단정하고, 문장은 짧고, 비유는 명료하다. 기후 재난의 관념을 과장 없이 구체 감각으로 가라앉히는 태도 덕분에 독자는 '뉴스'가 아닌 '체험'으로써 텍스트에 응답하게 된다. 이 점에서 박경희 시인은 생태 문학의 한 지향점으로써 환경 문제의 감각화를 실현한다. 아울러 "비명처럼 일렁이고", "뜨거운 숨을 토해낸다"는 어구들은 도시 인프라가 감당하지 못하는 과열의 징후를 드러낸다. 아스팔트의 '비명'은 인간의 신체가 미처 말로 호소하지 못하는 고통을 대리 표출한다. 폭염은 기온 상승의 지표가 아니라, 자연 세계와 신체가 동일한 '뜨거움의 표면'으로 접합되는 사건이다.

그런 의미에서 마지막 행 "여름이 온몸으로 타오른다"는 시적 화자 또한 그 타오름의 일부임을 암시한다. 독자는 시를 덮은 후에도 도시의 햇빛 아래에서 자신의 호흡과 땀, 그리고 보도블록에서 뜨겁게 피어오르는 열기를 하나의 '거대한 몸'으로 느끼게 된다. 바로 그 공감각의 공유가 이 시의 미학적 성취라 하겠다.

> 자색 목련 잎이
> 밤새 그리움에 타올라
> 아침을 연다
>
> 삶의 무게를 잠시 내려놓고
> 하얀 햇살 속에
> 깃털처럼 가벼운 마음으로
> 그리움을 품는다
>
> 타오르듯 피어오른
> 그리움의 향기
> 오늘도 내 영혼을 흔든다
>
> - 〈그리움의 불꽃〉 전문

이 시 〈그리움의 불꽃〉은 그리움이라는 감정을 '연소의 법칙'에 빗대어 표출하였다. 1연 "자색 목련 잎이/ 밤새 그리움에 타올라/ 아침을 연다"에서, '목련'은 단순한 사물이 아니라 정서의 연소체가 된다. '밤새'라는 시간 부호는 그리움의 지속과 진전을, '아침을 연다'는 그 연소가 파괴가 아닌 '개화'임을 시사한다. 즉 그리움은 사라지는 감정이 아니라 새날을 여는 에너지로 변이 되는 것이다.

2연 "삶의 무게를 잠시 내려놓고/ 하얀 햇살 속에/ 깃털처럼 가벼운 마음으로/ 그리움을 품는다"에서는 그리움의 역설을 말해 준다. 감당하기 힘에 겨운 삶의 무게는 잠시 내려놓되, 그리움은 오히려 '가벼운 마음'으로 품는다는 것. 이때 '햇살/깃털'의 상징어는 부유와 상승을 암시하여 그리움의 정조를 무거움이 아닌 가볍게 뜨는 '부양'으로 변주한다.

이어지는 3연 "타오르듯 피어오른/ 그리움의 향기/ 오늘도 내 영혼을 흔든다"에서 핵심 전환이 일어나는데, 향기는 보이지 않지만 확실한 존재를 가진다. 미묘하게 스며드는 향기의 속성을 통해, 시인은 그리움이 감각의 미세한 층위를 점유하는 과정을 보여준다. 그리고 그 향기는 '오늘도'에서 현재성을 획득한다. 과거의 잔향이 아닌, 지금 여기의 혼을 흔드는 동력, 결국 이 시는 그리움을 과거 회고의 정동이 아닌 현재를 진동시키는 에너지로 재구성한다.

식물학적 맥락에서도 목련은 이른 봄의 전령으로, 찬 공기와 따뜻한 햇살 사이에서 터져 나온다. 그 과감한 개화의 순간을 '타오름'으로 명명한 것은 계절 감각의 정확한 포착이다. 동시에 '자색'과 '하얀 햇살'의 대비는 그리움의 다층성과 양면성을 드러낸다. 자색은 신비와 깊이를, 흰빛은 순도와 환기를 상징한다. 그리움은 무겁고 신비로운 깊이를 가지되, 동시에 순하고 맑은 환기로 자아를 들어 올린다.

형식적으로 이 시는 짧고 맑은 행들로 구성되어 있어 과도한 수사를 피하면서 '그리움'처럼 자칫 상투적으로 들릴 수 있는 정서를 구체 감각(꽃잎, 햇살, 향기)과 물리학(타오름, 무게, 부력)에 기대어 갱신하는 전략이 돋보인다. 또한 "무게를 잠시 내려놓고"와 "깃털처럼 가벼운 마음"의 연결, "타오르듯 피어오른" 향기라는 혼성 메타포는 정서의 운동학을 섬세하게 묘사한다. 독자는 이 텍스트를 통해 '그리움'을 슬픔의 침전이 아니라 '나를 움직이는 떨림'으로 재섭취하게 된다.

〈내 안의 불씨〉가 '의지의 불'을, 〈폭염의 기〉가 '환경의 열'을 말한다면, 〈그리움의 불꽃〉은 '감정의 불'을 말한다. 같은 불이지만 작동하는 차원이 다르다. 의지의 불은 나를 앞으로 밀고, 환경의 열은 나의 몸을 흔들며, 그리움의 불은 나의 영혼을 흔든다. 이 삼중의 불은 시집 전체의 정서적 온도와 주제적 응집을 이룬다.

3. 기억을 품은 치유, 생태 회복의 윤리의식

한恨이 휘발되지 않고 남아 '묵직한 생명의 흔적'이 되는 이유는 그것이 누군가를 다시 살아가게 하는 약이 되기 때문이다. 시는 이렇게 상처의 기억을 모욕이나 원망의 순환으로 돌리지 않기 위해 시간과 자연의 언어를 끌어와 '치유의 회로'를 만든다.

박경희 시인은 시 창작에 있어 짧은 행과 넓은 여백으로 고통의 파문을 오래 머물게 하고, 단계적 명명을 함으로써 독자의 인지 과정을 차분히 안내한다. 상처의 미학을 '아름답다'고 포장하는 시가 아니라, 상처가 결국 타인을 위한 지혜로 환원될 수 있다는 윤리적 전망을 제시하는 것이다. 바로 박경희 시인의 시에서 상처를 지우지 않되 생태의 변이를 통해, 우리는 '기억을 품은 치유'라는 생태 회복의 윤리를 배우게 된다.

　　삼각형 잎사귀의 가시가
　　살갗을 스치면
　　따끔한 상처로 남는다

　　미움과 원망의 흔적도
　　꽃망울 속에 담겨
　　흔적처럼 피어난다

　　그 한은
　　전설 속 시간을 지나
　　조용히 약초가 된다
　　치유와 기억이 섞인

묵직한 생명의 흔적
– 〈가시 속의 꽃〉 전문

　이 시는 '상처의 기억'을 어떻게 '치유의 지혜'로 바꿀 수 있는가에 관한 서정적 실험이다. 1연의 "삼각형 잎사귀의 가시가／ 살갗을 스치면／ 따끔한 상처로 남는다"는 감각의 생생함으로 독자의 피부를 먼저 호출한다. 여기서 '삼각형 잎사귀'의 기하학적 묘사는 시선을 날카롭게 세우는 시각적 장치다. 촉각(따끔함)과 시각(삼각형), 그리고 짧은 행과 공백이 결합되며 '찌름 → 멈춤 → 잔상'의 회화적 변화가 생긴다.

　이런 변화를 거쳐 2연에서 "미움과 원망의 흔적도／ 꽃망울 속에 담겨／ 흔적처럼 피어난다"고 표출함으로써 감정의 잔흔이 생명의 기제로 편입되는 역설을 제시한다. 원망은 파괴가 아니라 '꽃망울'이라는 생장 가능성 안으로 들어가서 상처와 생장, 통증과 개화가 같은 자리에서 만나는 이 장면은 고통의 기억을 잊어야 할 대상으로 보지 않고 '변환되어야 할 에너지'로 보는 시인의 순기능적 시선을 보여준다.

　무엇보다 결정적인 대목은 3연의 "그 한은／ 전설 속 시간을 지나／ 조용히 약초가 된다／ 치유와 기억이 섞인／ 묵직한 생명의 흔적"이다. 한(恨)이라는 가슴속 깊은 감정을 시간의 강을 건너게 하고 그 건너편에서 '약초'로, 즉 누구에게나 쓰일 수 있는 치유의 지식으로 전환한다.

　　똑똑
　　"누구세요?"

　　희망이 부르는 소리에
　　화들짝
　　내 마음이 깨어난다

　　갇혀 있던 어리석은 생각들을
　　조심스레 풀어내며

접혀 있던 희망을
　　다시금 펼쳐본다

　　　　　- 〈내 안의 소리〉 전문

　이 시 〈내 안의 소리〉의 힘은 경쾌한 구두口頭 리듬과 심리의 단계적 회복을 일상적 장면에 빗대어 그려낸 데서 강하게 느껴진다. 첫연의 "똑똑/ 누구세요?"는 문을 두드리는 소리와 응답으로, 독자들로 하여금 즉시 시적 공간으로 끌어들이는 묘미가 있다. 외부에서 들려온 '노크'는 사실 외부가 아니라 내면의 희망이 스스로를 호출하는 신호다.
　이어서 "희망이 부르는 소리에/ 화들짝/ 내 마음이 깨어난다"에서는 '부르는 소리'의 떨림의 감각성이 도드라진다. 희망은 개념어가 아니라 떨리는 소리, 즉 살아있는 촉감으로 변환되어 마음을 흔든다.
　곧이어 "갇혀 있던 어리석은 생각들을/ 조심스레 풀어내며// 접혀 있던 희망을/ 다시금 펼쳐본다"고 마무리하는데, 여기서는 수동으로 접혀 있던 희망이 능동의 동작으로 펼쳐보는 운동감이 돋보인다. "갇혀 있던" 생각을 "조심스레 풀어내며" "접혀 있던 희망을/ 다시금 펼쳐본다"고 함으로써 우울·단념·자책 같은 내적 감금 상태가 섬세한 자기 돌봄의 동작을 통해 풀리는 과정을 단계적으로 보여준다.
　시의 주제는 매우 큰 그릇을 호출했지만 표현은 일상적이며 가볍게 그려냈는데, 이는 회복이 거창한 결심이나 영웅적 행위가 아니라 아주 작은 호출에 응답하는 일임을 일깨운다. 예컨대 '문을 열어주는 동작'에서 시작된다는 통찰을 강화한다거나 '내 안의 소리'가 외부의 권고나 타인의 압박이 아닌, 자신이 자신에게 보내는 신호라는 점에서 이 시는 자율과 자존의 윤리를 품는다. 결과적으로 〈내 안의 소리〉는 자기 회복의 상상력을 가장 평이한 언어와 경쾌한 리듬으로 살려낸 시라 평하고 싶다.

　　들길 따라 파수꾼처럼
　　길목을 지키는 너

내 어머니처럼 질경질경
인생의 고난을 잘 이겨내는 삶

나그네 발길에
씨앗은 멀리멀리
생명을 퍼뜨리고

가느다란 실 줄기
밟히고 밟히면서도
유연함으로 지켜내는 끈기

은은한 빈터
채워주는 존재감

— 〈질경이〉 전문

  질경이는 밟히고 또 밟혀도 다시 일어나는 생명력 강한 식물로 잘 알려져 있다. 박경희 시인의 시 〈질경이〉는 그런 상징어를 삶의 윤리로 확장한다. "들길 따라 파수꾼처럼/ 길목을 지키는 너"에서 질경이는 자연의 파수꾼이자 소박한 경계인으로 등장한다. '파수꾼'이라는 지위로 낮고 작은 존재에게 사회적 역할을 부여함으로써 식물의 존재감을 도덕적 언어로 상승시킨다.
  이어 "내 어머니처럼 질경질경/ 인생의 고난을 잘 이겨내는 삶"이라 상찬하여 질경이는 곧 어머니의 이미지로 겹쳐진다. '질경질경'이라는 의태어는 씹는 동작을 연상시키지만, 여기서는 끈기와 버팀의 시간 감각을 만들어 질경이의 생태적 습성을 모성의 인내로 메타포한다.
  3연에서는 "나그네 발길에/ 씨앗은 멀리멀리/ 생명을 퍼뜨리"며 타자의 이동이 오히려 생명을 확장하는 매개가 됨을 보여주는데, 상처와 교란이 곧 확산의 조건이 되는 생태학의 사실을 정확히 포착한 부분이다. '가느다란 실 줄기/ 밟히고 밟히면서도/ 유연함으로 지켜내는 끈기"로 힘의 미학이 뒤집히고 강함은 단단함이 아니라 유연함이며, 생존은 저항이 아니라 굴절과 수용으로 가능하다는 것을 내비친다. 마지막으로 "은은한 빈터/ 채워주는 존재감"에서 질경이는 화려하게 드러나지는 않지만, 비어 있는 곳을 은은히 채우는 배경의 힘을 가지고 있음을 당당하게 그려낸다.

박경희 시인이 시 〈질경이〉에서 시적 인식을 생태적 관찰에서 출발하여 사회적 윤리로 귀결시키는데, 밟히는 자가 사라지지 않고 오히려 생명을 끈질기게 퍼뜨리는 장면은 오랜 시간 동안 낮은 자리에서 버텨온 수많은 사람들의 기록과 오버랩 된다. 질경이는 '영웅적 저항'의 메타포가 아니라 일상의 생활에서 유연함을 가르치는 식물이다. 즉, 넘어지면 휘어지되 꺾이지 않고, 밟히면 씨앗을 더 멀리 보내는 방식으로 삶을 지속하라는 관대한 권유를 한다. 생태의 언어로 말해 교란(disturbance)은 파괴만이 아니라 재생의 계기일 수 있음을 질경이는 직접 몸으로 증언하는 것이다.

> 단풍나무에 불이 붙었다
> 벌겋게 타오른 단풍잎이
> 길 위에 수북하게 쌓인다
>
> 아가야
> 가까이 가지 마라
>
> 불길 속을 스치듯
> 조심스레
> 옷에 불이 붙는다
> 가을의 뜨거운 숨결처럼
>
> 잎마다
> 타오르는 열정과
> 짧게 빛나는 생의 온도를 담아
> 오늘도 가을은 불타고 있다
>
> — 〈가을, 붉게 피다〉 전문

이 시 〈가을, 붉게 피다〉에서는 우선 제목에 붙은 쉼표가 눈에 들어온다. 쉼표는 멈춤이자 여백으로서 가을의 깊이를 호흡하게 하는 장치로 자리한다. "단풍나무에 불이 붙었다/ 벌겋게 타오른 단풍잎이/ 길 위에 수북하게 쌓인다"에서 가을은 즉각적인 화염의 계절로 변신한다.

불은 위험의 메타포이기도 하지만, 여기서는 생의 절정과 소멸의 동시성을 함축한다. 타오르는 잎사귀는 곧 떨어지고 길 위에 쌓이는 붉은 낙엽은 화려함의 끝이자 퇴적된 시간에 잠긴다.

이 불의 이미지 한복판에서 "아가야/ 가까이 가지 마라"라는 경고가 등장한다. 다름 아닌 시적 공간에서 돌봄의 관계를 등장시키는 바인데, 이렇게 경외의 아름다움이 생길 때는 거리와 절제도 요구한다. "불길 속을 스치듯/ 조심스레/ 옷에 불이 붙는다/ 가을의 뜨거운 숨결처럼" 진하게 물든 단풍의 아름다움이 무해하지 않음을 상기시킨다. 가을의 열정은 사람을 물들이고, 때로는 가슴 속 깊이 데이게도 한다. 이 장면에서 '불길'과 '숨결'이 나란히 놓이는 것은 자연의 생명력과 위험이 분리되지 않음을 보여주는 것이다. 결론적으로 마지막 연에서 "잎마다/ 타오르는 열정과/ 짧게 빛나는 생의 온도를 담아/ 오늘도 가을은 불타고 있다"고 그 누구도 피할 수 없는 메멘토 모리(Memento mori)를 명징하게 선언한다. 잎마다 담긴 붉은 색은 색채가 아니라 온도다. 생의 온도는 짧게 빛나며 사라진다.

그리하여 박경희 시인의 시 〈가을, 붉게 피다〉는 가까이 가되 '조심스레' 보라고 타이르는데 경외와 절제의 윤리적 요소나 또 감탄과 안전의 균형이 바로 이 작품의 핵심 메시지가 된다.

형식적으로도 이 시는 짧은 행과 단정한 서술, 명확한 이미지로 고전적 서정의 품격을 갖추고 있다. 불의 은유를 과장하거나 미화하지 않고, 돌봄의 언어를 끼워 넣음으로써 시는 감탄의 감정이 타인의 안전과 어떻게 공존해야 하는지를 보여준다. 특히 어린아이를 부르는 호명은, 시의 독자가 '아름다움을 전해줄 다음 세대'임을 상기시키는 장치로도 읽힌다. 아름다움은 누릴 가치이며, 동시에 다루어야 할 책임을 동반한다. 결국 〈가을, 붉게 피다〉는 '아름다움 → 위험 → 돌봄'의 삼각 구도를 단풍의 현장감으로 정교하게 엮어 가을에 대한 시선을 한층 더 성숙하게 만든다.

4. 나가면서

　이상 박경희 시인의 시 몇 편을 일반적인 순수 서정의 감상이라는 관점보다 박경희 시인 스스로가 시대적 사명을 띠고 추구하는 생태 환경의 오염을 고발하고 치유의 역할을 수행하는 관점으로 분석해 보았다. 무엇보다 AI 첨단산업 사회에서 그 선두를 지향하는 우리나라의 산업 현실 앞에서 급격히 변화하는 생태 환경을 개선하는 것이 시대정신임을 유념하고 열심히 활동하는 박경희 시인, 이번에 상재하는 처녀시집《내 안의 불씨》에 수록되는 시 84편 모두가 형식적으로는 매우 간결하면서도 의미의 무게를 여백에 맡기는 전개가 고품격의 감상미를 안겨준다.
　각각의 시가 제안하는 서정성과 목적성을 동시에 담는 방식은 거대한 담론보다는 조용한 수용으로써 소중한 가치를 지닌다. 아무튼 생태 환경시라는 새로운 시적 장르를 다져나가는 박경희 시인에게 힘찬 박수를 보내며, 생태 환경 관련 최고의 시인으로 우뚝 자리하시길 기대해 본다.

구제근 시집

아이보리 춤추다

A5판/ 132쪽/ 값 12,000원

青谷 **구제근** 具齊根

1958. 9. 20. 충북 옥천군 청산면 예곡리 출생
청산고등학교 졸업(충북 옥천군)
육군 만기전역
통신학교 졸업
'86 아시안게임 자원봉사
KT 퇴직
옥천읍 문정3리 이장
예실축산 대표
옥천 성모병원 이사
옥천 성모병원 장례식장 이사
2024년 6월 1일『지구문학』(통권 106호)
시부문 신인상 수상으로 시인 등단

칠순을 두 해 남기고 첫걸음을 뗀 소년의 설레는 시심을 훔쳐보는 내내 나름 즐겁고 행복했다. 작은 동심원을 그려놓고 수줍어하는 소년 같은 어른의 모습, 한 가정을 지켜낸 가장으로 남편으로 아버지로 살아온 구제근 시인의 모든 것이 이 한 권의 시집 안에 고스란히 들어 있다. 시는 한편 한편마다 시인의 오랜 고뇌와 함께 수없이 다듬고 수정하면서 더 큰 세상을 담아내려는 노력이 필요하다.

2011년 2월 13일에 타계하신 진을주 선생님께서 하신 말씀이다. '솔직하지 않거나 고뇌하지 않은 시는 시가 아니다'라고 항상 강조하신 기억이 난다.

— 박해미(시인, 지구문학작가회의 이사)의
〈작품해설〉 중에서

한누리미디어
08303, 서울특별시 구로구 구로중앙로18길 40, 2층(구로동)
전화 / (02)379-4514, 379-4519 Fax / (02)379-4516 E-mail / hannury2003@daum.net

A5판/ 132쪽/ 값 12,000원

| 박경희 시집 |

내 안의 불씨

박경희

서울 출생
동명여고 졸업
고려대학교 평생교육원 생태문학작가 아카데미
한국생태환경연구원 협력이사
고려대학교 자연생태환경 전문가
『지구문학』신인상 시 · 수필 당선
동인지《기억의 회로》
지구문학작가회의 부회장
한국생태문학회 작악회 '민들레사랑' (작시) 발표
　　　(예술의 전당 콘서트홀)
대한민국 자랑스런 문화인상 수상
수필집《능소화는 또 피었는데》
시집《내 안의 불씨》
칼럼 시사조선〈인간은 자연을 떠나 살 수 없다〉

AI 첨단산업사회에서 그 선두를 지향하는 우리나라의 산업 현실 앞에서 급격히 변화하는 생태 환경을 개선하는 것이 시대정신임을 유념하고 열심히 활동하는 박경희 시인, 이번에 상재하는 처녀시집《내 안의 불씨》에 수록되는 시 84편 모두가 형식적으로는 매우 간결하면서도 의미의 무게를 여백에 맡기는 전개가 고품격의 감상미를 안겨준다. 각각의 시가 제안하는 서정성과 목적성을 동시에 담는 방식은 거대한 담론보다는 조용한 수용으로써 소중한 가치를 지닌다. 아무튼 생태 환경시라는 새로운 시적 장르를 다져나가는 박경희 시인에게 힘찬 박수를 보내며, 생태 환경 관련 최고의 시인으로 우뚝 자리하시길 기대해 본다.

— 김재엽(문학평론가,『지구문학』 발행인)의
〈작품평설〉중에서

한누리미디어

08303, 서울특별시 구로구 구로중앙로18길 40, 2층(구로동)
전화 / (02)379-4514, 379-4519   Fax / (02)379-4516   E-mail / hannury2003@daum.net

● 옥경순 수필집

내 작은 숲속

신국판/ 196쪽/ 값 15,000원

옥경순

1940년 부산 출생
부산 남여자상업고등학교 졸업
방송통신대학교 국어국문학과 3학년 재학중
부산 저금관리국 행정서기 10년 근무
한국방송통신대 디넌상 수상(2025)
명동성당 시니어 까리따스합창단 단장 5년
역임

난생처음 나의 글을 온 세상에 내보낸다.

상상도 해 보지 못한 나의 졸렬한 생활의 흔적들이 일기를 쓰듯 나날의 토막들이 세상 사람들 앞에 나선다는 것은 부끄럽기 그지 없다.

이렇게 나올 줄 알았더라면 평소 정중하게 다듬었을 것을 이 행보에 나의 조그만 조각들이 불쌍하다. 그것은 좋은 글이 못 되기 때문이다.

좋은 옷들을 입혀주지 못한 나의 책임 때문인 것이다.

그러나 망설임 많은 나의 성격을 깨우치게 해 주신 분들께 감사드리는 마음이 가득하다.

— <수필집을 내면서> 중에서

지구문학

지구문학작가회의 사화집 제22집 _ 2025

2025년 11월 20일 인쇄
2025년 11월 25일 발행

지구문학작가회의 자문위원　　양창국 윤명철 신인호
　　　　　　　　　　　　　　　이규복 최부희 백활영

회장　　　한 솔
부회장　　임병전 정용채 박경희 김정숙
　　　　　전영길 심우둔 최천숙
사무국장　신민수

발행인　　김영란
발행처　　한누리미디어

08303, 서울시 구로구 구로중앙로18길 40, 2층(구로동)
전화/ (02)379-4514, 379-4519
Fax/ (02)379-4516
E-mail/hannury2003@daum.net

신고번호/ 제 25100-2016-000025호
신고연월일/ 2016. 4. 11
등록일/ 1993. 11. 4

정가 15,000원

대체계좌(농협 : 양창국) 302-0150-8320-01

※ 잘못된 책은 바꿔 드립니다.

ISBN 978-89-7969-912-8　　03810